用
35
張 **家系圖**
輕鬆解讀 **世界史**

日本補教名師
神野正史
Masafumi Jinno

改變歐洲的聯姻策略與血緣糾葛

前言

在這個世界上，「最為有趣、實用，又能大幅提升文化素養的學問」莫過於歷史了。

事實證明，無論身處哪個行業、哪個領域，即便不是專攻歷史，那些文化素養很好的人在歷史方面的造詣多半都很高，絕少有例外。

因為歷史學是「萬學之礎」、是所有學問的基石，若不瞭解歷史，當然也不可能學會、精通其他學問。

如果只是對歷史不熟倒也罷了，然而經常有人「連學習歷史的意義都否定」，我不曾見過哪個覺得學歷史無用的人有很高的文化素養。

這種人完全沒發現自己無知又無文化素養（跟學歷高低無關），總是自高自大地批評個沒完，令我不禁為他們掬一把同情淚。

即便不到否定的程度，假如你也覺得「歷史很無聊」、「不覺得有學習的意義」、「提不起興趣」，那不是因為「歷史學很無聊」，只是因為你在之前的人生中沒有遇到教導你「真正的歷史」的老師。

放眼望去，社會上充斥著「不懂歷史的歷史老師」，學生被他們要求「死背歷史用語」，這個慘狀足以證明原因出在老師而非歷史學本身，一般人會對歷史抱持這種「誤解」，就某種程度來說也是沒辦法的事。

學習歷史的時候，最重要的不是「記住歷史用語」，而是「親身感受歷史」。

這很難用一句話來說明，總之就是把自己當成此刻學習的那個時代，那個國家的國王、貴族、農民或是資產階級、勞動階級，想像「如果自己站在那個立場會想什麼、怎麼判斷、如何行動」。

只要這麼做，就能讓原先覺得難懂、無聊、枯燥無味的歷史立刻鮮活起來，而只要接觸「有生命的歷史」，便能夠輕輕鬆鬆地將歷史輸入到腦子裡。

我從事教育工作30餘年，一直不斷透過河合塾與YouTube講座「神

野塾」，向考生與社會人士推廣這個觀念。

　　除了前述的方法外，還有一種為歷史學習注入「活力」的手段，就是一邊參照歷史人物的「家系圖」一邊學習。

　　這麼做能使原先以為「那些都是與自己無關的古早事件」的歷史，一下子變得很貼近自己，讓自己能夠「親身感受」歷史。

　　不過，坊間幾乎找不到聚焦於家系圖的歷史解說書。

　　因此本書就登場了。

　　本書將焦點放在家系圖上，從這個角度為大家解說歷史。

　　如果本書能促使你開始學習「有血有肉的歷史」，身為作者的我就心滿意足了。

　　那麼，《用35張家系圖輕鬆解讀世界史》正式開講！

2023年4月　　

本書的閱讀方式

本書為了讓初學者也能愉快地熟習歷史，特別在書中各處安排了以往的歷史類書籍所沒有的巧思設計。

以下就為大家介紹閱讀本書的小技巧。

首先，翻開各單元的扉頁，可以看到展示該單元講解範圍的跨頁「圖板（請參考下圖）」。

本書完全是依照圖板所展示的家系圖來進行解說，閱讀正文時請別忘了隨時參考這張圖板。

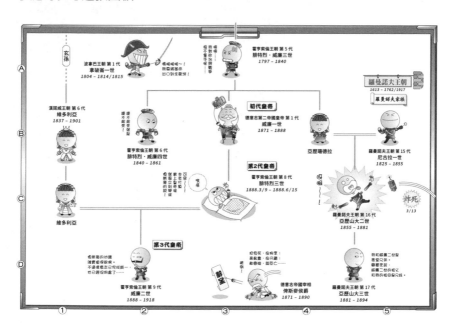

這樣一來，原先令你感到茫無頭緒的歷史就會像動畫一樣在腦中流暢地上演。

麻煩大家一定要按照這種方式閱讀。

另外，為了方便各位對照，文中不時會標上如（A-2）這樣的「圖板

座標」。

這個座標代表的意思是「請參考圖板左側英文字母與下側數字的交會處」，例如（B-3）就是指「B列第3行」，即第5頁圖板中的「威廉一世」。

由於圖板中的「歷史人物」外形像晴天娃娃，我便直接稱他們為「晴天君」。大部分的晴天君下方都會標示「頭銜、姓名、年分」，此處的年分是指擁有該「頭銜」的期間，而非生卒年。

波拿巴王朝 第1代
拿破崙一世
1804－1814/1815

至於家系圖的符號意思如下：

（雙橫線）…	夫妻
（直線） …	親子
（分岔線）…	兄弟姊妹

正文下方設有「註解欄」。

由於部分內容無法在正文中詳細介紹，但這些都是瞭解歷史時不可或缺的重要知識，因此以「註解」形式另作補充。建議大家閱讀正文之餘，也別忘了瀏覽「註解」的補充說明，這樣才能對歷史有更深入的瞭解。

那麼，接下來就請欣賞讀者一致讚賞「彷彿看戲一般，能夠輕鬆學習歷史！」、廣受各方好評的「世界史劇場」。

目　次

序　章　家系圖的基礎知識

第1章　英國的系譜

第2章　法國的系譜

第3章　神聖羅馬帝國的系譜

第4章 普奧的系譜

第5章 俄羅斯的系譜

第6章 丹挪希英的系譜

装幀 —— 一瀬錠二（Art of NOISE）

封面插圖 —— いのうえもえ

序章 家系圖的基礎知識

第1幕

什麼是王朝更迭

王朝更迭的基礎知識

學習學問時，「搞清楚用語的定義與本質」是基本原則。既然接下來要以家系圖觀點學習歷史，就得先掌握有關家系圖的基礎知識。

本幕就來談談一般人特別容易誤解的「王朝更迭」的基礎知識。

進入第1章之前，我想先在這裡向大家解說「閱讀本書時應該知道的『基本中的基本』知識」。

首先，什麼是「王朝」呢？

若以學術觀點嚴格定義，便會產生相當複雜的問題[*01]，故本書單純將王朝定義為「具有同系血緣關係的君主（國王或皇帝）群體」。

由於是看血緣關係，故王朝可用「家系圖」來表現，因為「家系圖」中的人物關係能一直延伸出去，這時便會出現一個問題：該怎麼劃分同屬一個「王朝」的「群體」？

原則上是按「男系血緣範圍」來加以劃分，男系絕嗣時即為「王朝斷絕」。

「男系」是指僅由男性傳承下去的血緣關係，如果中間隔著「女性」的話，這時就算是「王朝斷絕」。

王位原則上是「父死子繼」，如果沒有兒子就由弟弟繼承，如果也沒有弟弟就會從男系親戚中挑選繼承人。

王朝更迭的時間點

這裡有個一般人常搞錯的問題。

那就是：只要有「男系」血緣關係，無論繼位者與前一任國王是親等多遠的「遠親」都「不會改朝換代」。

經常看到不少書籍將王朝更迭的發生原因，解釋為「因為王位轉移到非前一任國王直系血親的堂兄弟（或再從兄弟等親屬）」，但這完全是一個對王朝欠缺基本瞭解的錯誤說明。

歷史上的確有過王朝在「王位轉移到堂兄弟時發生更迭的實例」，但王朝更迭的發生原因並非「因為直系絕嗣」。

這裡就以法國卡佩（Capétiens）王朝更迭為瓦盧瓦（Valois）王朝時

（＊01）舉例來說，當中也有像「馬木路克（Mamluk）王朝」這種不靠血緣傳承的「王朝」。

的情況為例，看看前述的解釋有何問題。

當時，卡佩王朝末代國王（查理四世）與瓦盧瓦王朝初代國王（腓力六世）的血緣關係為「堂兄弟（四親等）」關係。

單看這個例子的話，的確是「在非直系血親的堂兄繼承王位時改朝換代」，故乍看會覺得前述的解釋是正確的。

然而同樣在瓦盧瓦王朝，第7代國王（查理八世）與第8代國王（路易十二）是血緣更淡的「七親等[*02]」遠親，兩人就跟「毫無關係的陌生人」差不多，但這時王朝卻未更迭。

此外，第8代國王（路易十二）與第9代國王（法蘭索瓦一世）也是距離「五親等[*03]」的遠親，但同樣沒發生任何問題，王朝也沒更迭。

這些事實證明，坊間流傳的「因為非直系血親者（堂兄弟或是再從兄弟）繼位才導致王朝更迭」，確實是錯誤的解釋。

那麼，為什麼只跟查理四世距離「四親等」的堂兄繼位會導致王朝更迭，但跟查理八世距離「七親等」、幾乎算是「毫無關係的陌生人」的遠親繼位卻沒改朝換代呢？

這是因為王朝更迭的重點在於是否為「男系繼承」這點，跟「直系或旁系」或是「血緣濃淡」等因素完全無關。

查理四世傳位給腓力六世時，確實是由男系親屬繼承王位，然而此時仍舊被視為「王朝更迭」，這個例子其實是有「其他原因」的。

下一節就來說明這個「其他原因」是什麼。

是禪讓還是放伐？

王朝要被視為延續，其實還有一項（次要）條件，那就是「和平地繼承」。

無論是「禪讓[*04]」還是「放伐[*05]」，只要是由男系親屬繼承王

（＊02）曾祖父的弟弟的孫子，稱謂為「族叔」。

（＊03）堂兄的兒子，稱謂為「堂姪」。

序章　家系圖的基礎知識

第1章　英國的系譜

第2章　法國的系譜

第3章　神聖羅馬帝國的系譜

第4章　普奧的系譜

第5章　俄羅斯的系譜

第6章　丹挪希英的系譜

位，在學術觀點上都算是「同一個王朝」。

但在感覺上、感性上，我們會覺得「靠武力篡奪王位卻仍視為同一個王朝」很奇怪，所以才採「權宜做法」，將之視同「王朝更迭」。

因此，卡佩王朝與瓦盧瓦王朝的關係，若以學術觀點來看都算是「卡佩王朝」。

一代王朝

前面舉的例子是「在學術觀點上並未改朝換代，但一般都視同王朝更迭」，其實還有相反的情況，就是「在學術觀點上王朝確實更迭了，但一般不視為改朝換代」。

其中一種例子就是「一代王朝」。

在中國，像「新」朝（＊06）之類的「一代王朝」仍舊算是一個「獨立的王朝」，不過在歐洲，「王朝是好幾個世代傳承下來的東西」這種觀念根深蒂固，僅維持一代就結束的王朝通常不算王朝，而是併入該王朝之前或之後關聯較深的王朝。

像戈德溫（Godwin）王朝、布盧瓦（Blois）王朝、巴伐利亞（Bayern）王朝、布藍茲維（Braunschweig）王朝這類的一代王朝，之所以分別被併入「徹迪克（Cerdic）王朝」、「諾曼（Norman）王朝」、「哈布斯堡（Habsburg）王朝」、「羅曼諾夫（Рюриковичи）王朝」就是這個緣故，關於這個部分之後會再跟大家詳細解說。

王朝改名

另外還有一種特殊的例子是「王朝改名」。

這有兩種情況，一種是實際上王朝並未更迭，卻「因為改名而視同改

（＊04）和平地轉讓君位（王位或皇位）的繼承方式。

（＊05）憑實力（武力）奪取君位的繼承方式。

（＊06）「新」朝僅有王莽一代皇帝，短短15年就滅亡了。

朝換代」（例如薩克森－科堡－哥達王朝），以及王朝確實更迭，卻「因為改名而不被視為改朝換代」（例如溫莎王朝、哈布斯堡王朝、羅曼諾夫王朝等）。

關於這個部分同樣會在之後詳細說明。

女性國王與女系國王

另一個有關王朝更迭常見的誤解，那就是把「女性國王（女王）」與「女系國王（女王之子）」混為一談。

王朝只有在「中間隔著女性時」才會更迭，就算前任國王的女兒成為「女性國王（女王）」，由於兩人之間並未「隔著」女性，此時王朝仍然存續著。

但是，當這位女王生下孩子，而這個孩子繼承王位後，中間就「隔著女性」了，此時便會發生「王朝更迭」。

這種與前任國王之間隔著女性的國王稱為「女系國王」，跟「女性國王」是截然不同的概念。

若以日本為例，假如將來天皇家的今上（＊07）天皇（2023年當時）之女——愛子公主成為新天皇，她就是「女性天皇」，此時王朝並未更迭。

但是當愛子公主結婚生子，而她的兒子繼位為新天皇後，他就是「女系天皇」，天皇家則就此斷絕，如果愛子公主的丈夫姓「山田」，此時就會誕生「山田王朝」。

換言之，女性國王只是「當擁有王位繼承權的男系男丁，因為年紀還小之類的緣故無法勝任國王時，代替他成為國王直到他成年為止的『代打者』」。在日本常會聽到「讓愛子公主的兒子繼位為天皇不就好了嗎」之類的意見，這是完全不瞭解王朝更迭規則的人才會提出的荒謬言論。

（＊07）指在位中的天皇。在令和時代稱天皇為「令和天皇」是相當不敬的行為。

序章　家系圖的基礎知識

第1章　英國的系譜

第2章　法國的系譜

第3章　神聖羅馬帝國的系譜

第4章　普奧的系譜

第5章　俄羅斯的系譜

第6章　丹麥希臘的系譜

總結

　　如同上述，有些情況在學術觀點上算是王朝更迭，但出於各種因素而不被視為改朝換代，有些情況則相反，這就是一般人很難搞清楚什麼是王朝更迭的原因。

　　令人遺憾的是，就連教世界史的老師，也有非常多人完全不瞭解這個部分，因此一般人會無知、不懂也是莫可奈何的事，不過只要閱讀本書就能夠擁有正確的知識。

第1章 英國的系譜

第1幕

英國王朝的起始

盎格魯－撒克遜王朝

英國擁有1000多年的歷史，但仔細一看便會發現中間其實經歷了十幾次的「王朝更迭」。單純平均計算的話，一個王朝維持不到100年的時間，而其中第一個建立的王朝就是「盎格魯－撒克遜王朝」。那麼接下來，我們就試著以家系圖觀點俯瞰這段歷史吧。

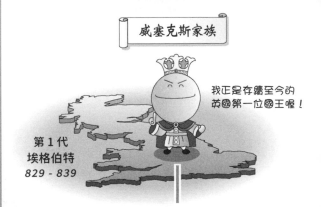

威塞克斯家族

我正是存續至今的英國第一位國王喔！

第1代
埃格伯特
829 - 839

〈 盎格魯－撒克遜王朝 〉前期

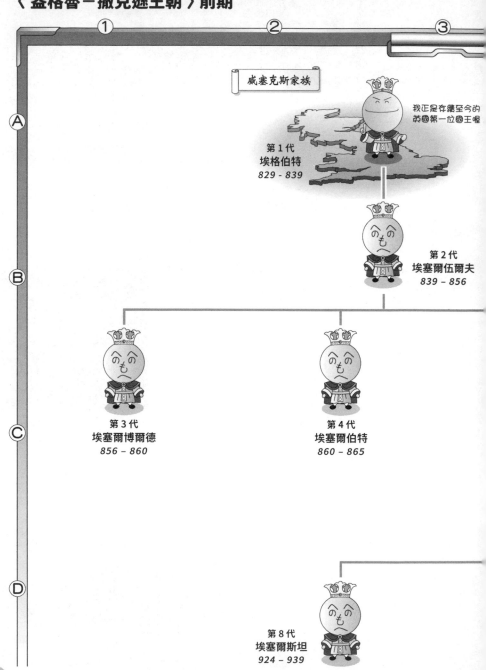

威塞克斯家族

我正是存續至今的英國第一位國王喔

第 1 代
埃格伯特
829 - 839

第 2 代
埃塞爾伍爾夫
839 – 856

第 3 代
埃塞爾博爾德
856 – 860

第 4 代
埃塞爾伯特
860 – 865

第 8 代
埃塞爾斯坦
924 – 939

④　⑤

徹迪克王朝
829 – 1016/1066

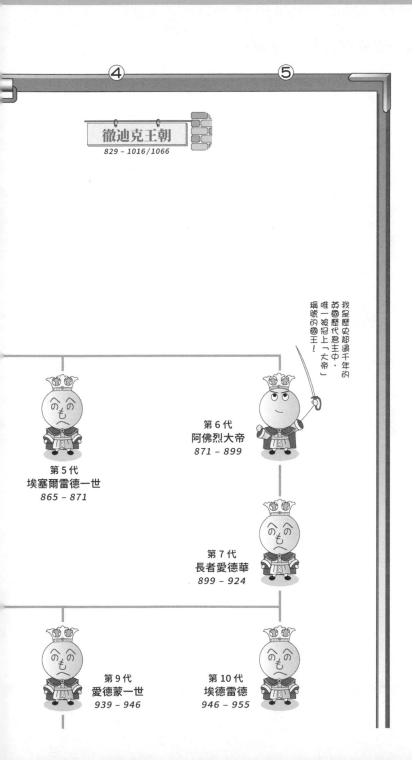

第 5 代
埃塞爾雷德一世
865 – 871

第 6 代
阿佛烈大帝
871 – 899

我是歷史超過千年的英國歷代君主中，唯一被冠上「大帝」稱號的國王！

第 7 代
長者愛德華
899 – 924

第 9 代
愛德蒙一世
939 – 946

第 10 代
埃德雷德
946 – 955

〈盎格魯－撒克遜王朝〉後期

E

第 11 代
愛德威
955 – 959

F

第 13 代
殉教者愛德華
975 – 978

第 14 代
埃塞爾雷德二世
978 – 1016

第 15 代
愛德蒙二世
1016.4 – 11

G

H

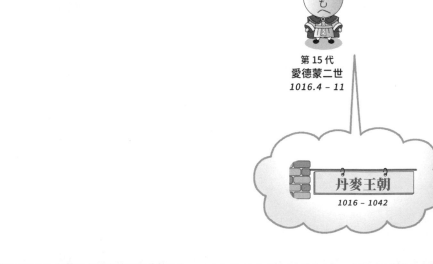

丹麥王朝

1016 – 1042

① ② ③

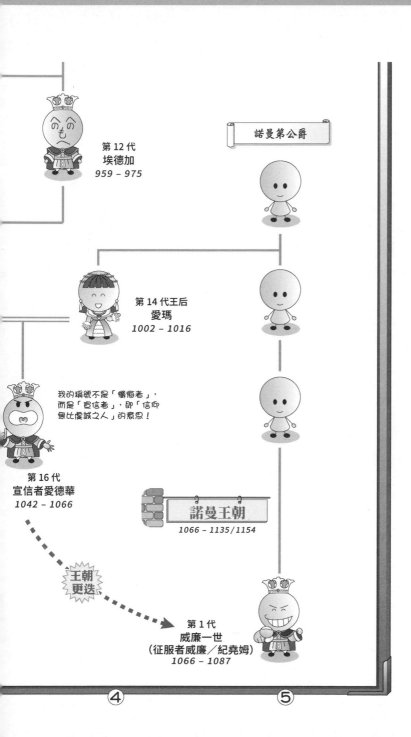

第 12 代
埃德加
959 – 975

諾曼第公爵

第 14 代王后
愛瑪
1002 – 1016

我的稱號不是「懺悔者」，
而是「宣信者」，即「信仰
無比虔誠之人」的意思！

第 16 代
宣信者愛德華
1042 – 1066

諾曼王朝
1066 – 1135/1154

王朝
更迭

第 1 代
威廉一世
（征服者威廉／紀堯姆）
1066 – 1087

④　　　　　⑤

序章　家系圖的基礎知識

第 1 章　英國的系譜

第 2 章　法國的系譜

第 3 章　神聖羅馬帝國的系譜

第 4 章　普奧的系譜

第 5 章　俄羅斯的系譜

第 6 章　丹挪希英的系譜

21

本書第1章要介紹的就是，在18～19世紀成為霸權國家的英國。

英國目前的王朝為「溫莎（Windsor）王朝」，最早的王朝則是在距今1000多年前的9世紀誕生的統一王朝。

以統一天下為宗旨（盎格魯－撒克遜王朝第1代）

英國直到8世紀為止，有超過100個日耳曼（＊01）小國與凱爾特（＊02）小國在歐洲西北方這座小小的不列顛島上互相爭鬥，經過淘汰與合併後，最終形成了7個日耳曼大國（七國（＊03））及其屬國。

如果拿英國的歷史與中國的歷史來對照，前面這個「分裂成數百個小國互相爭鬥的時代」會讓人想起春秋時代，而後面這個「縮減到7個大國的時代」則讓人聯想到戰國時代。

此外，中國先有「春秋五霸」後有「戰國七雄」，而英國在統一英格蘭之前也出現了被稱為「不列顛統治者（Bretwalda）」的霸者。

這個時期的英國歷史有許多不清不楚的部分，一般書籍在說明這段歷史時大多都稱「最早統一七國的是威塞克斯王國的埃格伯特（Ecgberht）（A-3）」，但實際上他直接統治的範圍只有泰晤士河以南，因此他比較像是中國的「秦孝公（春秋時代的霸者）」，而不是「秦始皇（結束戰國時代的統一天下者）」。

不過，一般還是以他成為「不列顛統治者」的829年（＊04）定為「盎格魯－撒克遜統一之年」，此後以他為始祖的男系王朝則稱為「盎格魯－撒克遜王朝（＊05）」。

（＊01）這是指來自日德蘭半島至北德一帶的盎格魯人（Angles）、撒克遜人（Saxons）、朱特人（Jutes）。

（＊02）不列顛島的原住民。

（＊03）英語稱之為「Heptarchy」，是由古希臘語的「Hepta（七）」與「Arche（國）」合併而成的名稱。這7個王國分別為盎格魯人所建立的諾森布里亞（Northumbria，北部）、麥西亞（Mercia，南部）、東盎格利亞（East Anglia，東部），撒克遜人所建立的艾塞克斯（Essex，東部）、威塞克斯（Wessex，西部）、薩塞克斯（Sussex，南部），以及朱特人所建立的肯特（Kent）。

序章　家系圖的基礎知識

第1章　英國的系譜

第2章　法國的系譜

第3章　神聖羅馬帝國的系譜

第4章　普奧的系譜

第5章　俄羅斯的系譜

第6章　丹挪希英的系譜

從「霸者」到「統一天下者」

在中國，秦孝公成為「霸者」後，秦惠文王、秦武王、秦昭襄王、秦莊襄王這4代人^{（＊06）}接著累積實力，到了秦始皇的時代終於完成統一天下的霸業。在英國歷史上，扮演這「4代人」角色的則是埃格伯特的兒子埃塞爾伍爾夫（Æthelwulf）（B-3），以及孫子埃塞爾博爾德（Æthelbald）（C-1）、埃塞爾伯特（Æthelberht）（C-2/3）、埃塞爾雷德I（Æthelred I）（C-4）。

這個時代亦是飽受海盜（維京人）跨海（北海）侵擾的時代，不過大敵當前，原本互相敵對的盎格魯－撒克遜各部族反而力圖團結，最後走向統一。

真正的統一與創設海軍（盎格魯－撒克遜王朝第6代）

翻閱歷史時會發現一條歷史法則：無論國家、組織還是個人，在邁入「下個階段」之前都會遭遇「考驗」、「困難」、「災難」，無一例外。

飛躍之前必有考驗

只有克服這些考驗、困難、災難的人才有資格進入「下個階段」，遭遇挫折而灰心喪意的人則會走向滅亡。

維京海盜的長期侵掠對當時的英國而言也算是一種「災難」，不過第6代國王阿佛烈大帝（Ælfred the Great）（C-5）克服了這場「災難」，

（＊04）由於《盎格魯－撒克遜編年史（Anglo-Saxon Chronicle）》上的紀錄為「827年」，許多史料都不加查證就直接照抄，其實正確的年分是「829年」。

（＊05）此外也依據完成統一的王國名稱另稱為「威塞克斯王朝」，或按照王室名稱另稱為「徹迪克王朝」。

（＊06）嚴格來說，秦昭襄王與秦莊襄王之間還有一位秦孝文王，但因為他在位只有3天，這邊就省略不談了。

英格蘭在他的時代才達成真正的「統一」。

　　所以，這位阿佛烈大帝可以算是英國版「始皇帝」，他也是英國史上唯一享有「大帝」尊稱的君主，從上述的成就來看的確是實至名歸吧。

　　另外，說到阿佛烈大帝也不能忘了提「創設海軍」這項事蹟。

　　其實，在此之前英國並沒有海軍，因此對付維京海盜時，只能一籌莫展地看著維京海盜越海而來，等他們登陸後才在本土決戰。

　　然而這樣一來，即使成功擊退維京海盜，國土也會遭受破壞，要是戰敗了還會被奪走領土，所以才要改成在海上擊退他們。

　　英國在1000年後（19世紀）成為「掌控七大洋、稱霸世界的大海軍帝國」，而奠定基礎的人就是這位阿佛烈大帝。

接下來就走向衰退（盎格魯－撒克遜王朝第7代～）

　　前面提到，阿佛烈大帝在英國歷史上扮演著猶如中國「始皇帝」的角色，中國在始皇帝駕崩後就陷入混亂，英國也同樣在阿佛烈大帝死後走向衰亡。

　　雖然王位很穩定地父傳子（第7～8代）、兄傳弟（第9～10代）、叔父傳姪子（第11代），全是由男系親屬繼承，但在阿佛烈大帝之後就不曾出現優秀的國王，而海盜（丹人）又一直斷斷續續地侵擾，最後英國終於在1016年被丹人征服了。

第 1 章　英國的系譜

第 2 幕

英國首個征服王朝

丹麥王朝

盎格魯－撒克遜王朝終於被來自大海另一邊的「海盜」消滅了。

英國史上「第二個」王朝，竟然是由異族所建立的「征服王朝」。

不過，這個征服王朝並未維持多久，很快又恢復成盎格魯－撒克遜王朝。

我的稱號不是「懺悔者」，而是「宣信者」，即「信仰無比虔誠之人」的意思！

第 16 代
宣信者愛德華
1042 – 1066

〈 丹麥王朝 〉

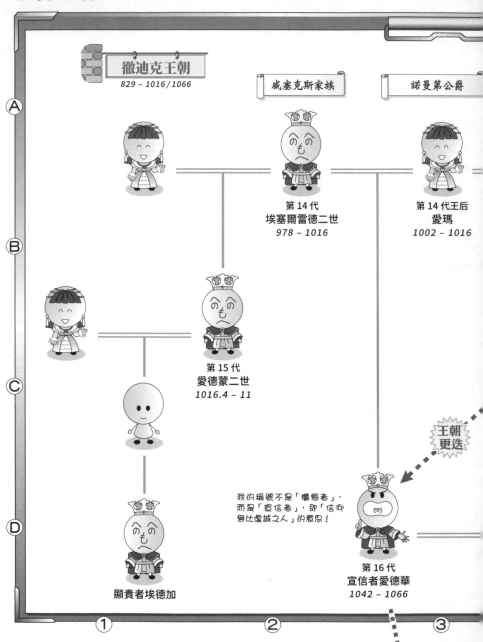

徹迪克王朝
829 – 1016/1066

威塞克斯家族

諾曼第公爵

第 14 代
埃塞爾雷德二世
978 – 1016

第 14 代王后
愛瑪
1002 – 1016

第 15 代
愛德蒙二世
1016.4 – 11

王朝
更迭

我的稱號不是「懺悔者」，
而是「宣信者」，即「信仰
無比虔誠之人」的意思！

顯貴者埃德加

第 16 代
宣信者愛德華
1042 – 1066

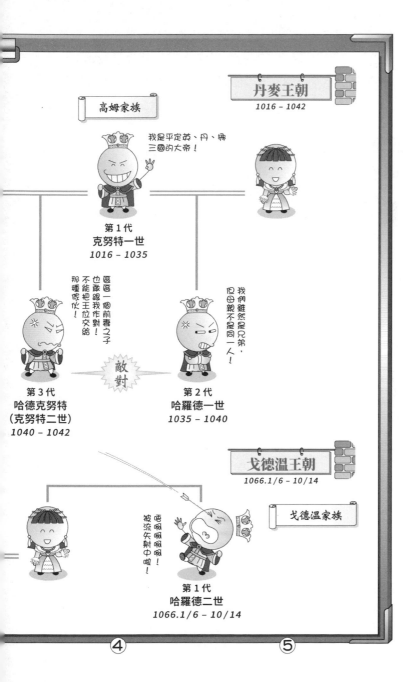

高姆家族

丹麥王朝
1016 – 1042

我是平定英、丹、佛三國的大帝！

第1代
克努特一世
1016 – 1035

區區一個前妻之子也敢跟我作對！不能把王位交給那種傢伙！

我倆雖然是兄弟，但母親卻不是同一人！

敵對

第3代
哈德克努特
（克努特二世）
1040 – 1042

第2代
哈羅德一世
1035 – 1040

戈德溫王朝
1066.1/6 – 10/14

戈德溫家族

被流矢射中眼睛！

兩眼啊啊啊啊！

第1代
哈羅德二世
1066.1/6 – 10/14

④　　　　　⑤

就這樣，英國誕生了歷史上第二個統一王朝「丹麥王朝」。

這是生活在日德蘭半島的「丹人」侵略英格蘭後建立的王朝，故可定位為「異族王朝」。不過真要說起來的話，「盎格魯－撒克遜王朝」也是由來自日德蘭半島的盎格魯－撒克遜人所建立，而且他們與丹人同屬日耳曼人，因此認為它不是「異族王朝」其實也說得通。

首個征服王朝（丹麥王朝）

接著言歸正傳，戴上英格蘭王冠的第1代國王克努特一世（Cnut the Great）[＊01]（A／B-4），不久就兼任丹麥王國與挪威王國的國王。

於是，克努特一世的統治範圍就變成一個將北海完全納為「我們的海（Mare Nostrum）[＊02]」的大國，國家相當繁榮，後世稱之為「克努特帝國」，然而由「偉大的始祖」所創建的國家（或是組織）總是會隨著他的死亡而衰敗。

小刀配不上大刀鞘

一如刀鞘是完全按照刀的尺寸來製作，組織的大小也是依創建者的「才幹」而定，因此平庸的後繼者（小刀）往往無法維持豪傑（大刀）建立的組織（刀鞘）。

這就是為什麼古今中外，豪傑所建立的國家（或組織）全都很短命，凡人建立的國家（或組織）則多為長期政權[＊03]也是這個緣故。

「克努特帝國」也不例外，偉大的克努特大帝駕崩後，他的兒子們隨即爆發繼承權之爭。

一開始是正統的王位繼承人哈德克努特（Harthacnut）（B／C-3／4）

（＊01）作為丹麥國王時稱為「克努特二世（或大帝）」。

（＊02）拉丁語「Mare Nostrum」本來是羅馬人用來代指地中海的詞彙。

（＊03）這也是織田政權在信長死後隨即瓦解，以及德川政權能維持長達260餘年的一大原因。

被他的同父異母兄長哈羅德（B/C-4/5）篡位。

　　哈德克努特為了搶回王位而立即備戰，不過哈羅德一世（Harold I）還來不及把搶來的寶座坐熱，就在實際開戰前突然去世了。

　　於是，王冠回到了「原本的繼承人」哈德克努特的頭上，然而即位為克努特二世後，他同樣在24歲那年驟逝，再加上他單身又無子嗣，最後寶座就落到同母異父的兄長愛德華（D-2/3）身上。

　　丹麥王朝自始祖去世之後，就開始上演兄弟爭奪王位繼承權的戲碼，最終走向滅亡。

首個統一王朝復活（盎格魯－撒克遜王朝）

　　接著即位成國王的人物就是「宣信者愛德華（Edward the Confessor）（＊04）」。

　　他年幼時因丹人頻繁侵襲英格蘭，遂逃亡到母親愛瑪（Emma）的故鄉諾曼第，後來在同母異父的弟弟克努特二世的邀請下回到英國，最終因克努特二世驟逝而得以繼位。

　　話說回來，我們可以從家系圖看出，克努特二世與宣信者愛德華之間隔著女性（愛瑪）（A/B-3），故這時王朝再度更迭，恢復成盎格魯－撒克遜王朝，但是仔細觀察家系圖便會發現，王冠只是隔著嫁入英格蘭王室（威塞克斯家族）（A-2）與丹麥王室（高姆家族）（A-4）的諾曼第公爵（A-3）之女愛瑪移來移去罷了。

　　於是，當兩家的男系絕嗣時，與兩家都有血緣關係的諾曼第公爵就突然躍升為最有望角逐下任國王的人選。

　　而且，這個機會很快就到來。

　　因為宣信者愛德華並無子嗣，而且死前並未明確指定自己的繼承人。

　　先王若沒有指定繼承人，照慣例是依王位繼承順位來決定，而有男系

（＊04）他的稱號「宣信者（Confessor）」有時會被翻譯成「懺悔者」，但這個稱號的意思其實是「不畏迫害堅守信仰的人」。

序章　家系圖的基礎知識

第 1 章　英國的系譜

第 2 章　法國的系譜

第 3 章　神聖羅馬帝國的系譜

第 4 章　普奧的系譜

第 5 章　俄羅斯的系譜

第 6 章　丹挪希英的系譜

血緣關係的顯貴者埃德加（Edgar Ætheling）（D-1）是繼承順位最高的人物，但他有一個問題。

當時埃德加還只是個14歲的孩子。

由一個孩子帶領這個混亂的國家實在令人不放心。

這時有兩個人提出異議，不同意讓埃德加繼位。

這兩個人就是宣信者愛德華的妻舅（妻子的兄長）哈羅德（D-4/5），以及表姪（舅舅的孫子）紀堯姆（上一幕H-5征服者威廉）。

由於他們都屬於女系，兩人的立足點一致，不過以「血緣濃度」來說的話是紀堯姆（Guillaume）比較濃，然而紀堯姆是諾曼人。

如果以「民族系統」來說的話，則是同為盎格魯－撒克遜人的哈羅德（Harold Godwinson）更勝一籌吧。

於是，英國再度上演親人為了王位而互相爭鬥的戲碼。

首個一代王朝（戈德溫王朝）

先下手為強的是哈羅德。

他宣稱「宣信者愛德華臨終時指定我為繼承人」，即位為「哈羅德二世」。

由於哈羅德是宣信者愛德華的妻舅，在學術觀點上這時算是「王朝更迭」，新王朝則依據家名稱為「戈德溫王朝」，但大部分的書籍都將這個王朝解釋為「盎格魯－撒克遜王朝的一部分」。

我在序章也說明過，這是因為歐洲習慣「將只有一代的王朝併入之前或之後關聯較深的王朝」。

這個戈德溫王朝不僅只有「一代」，而且不到一年就滅亡了，因此就更不用說了。

言歸正傳，哈羅德二世即位後，諾曼第公爵紀堯姆便宣稱「很早之前

（＊05）第二次世界大戰期間的德國將軍，擅長「反手一擊（backhand blow）」戰術，多次在戰爭中扭轉劣勢，是位名將中的名將。即便面對希特勒也敢直言不諱，但對於已經決定的事，即使是不合理的命令仍會服從，連敵軍都很尊敬他。

先王（宣信者愛德華）就指定我為繼承人，哈羅德也同意了」，並且準備開戰。

哈羅德二世得知消息後也動員軍隊，與從倫敦西南方100公里遠的海岸登陸的諾曼軍決戰。

這就是著名的「黑斯廷斯戰役（Battle of Hastings）」。

兩軍在前線互相觀望一段時間後，諾曼軍率先打破沉默發動攻擊。

不過，英格蘭軍拚命抵抗，諾曼軍因而開始撤退，英格蘭軍見狀覺得機不可失而展開追擊。

然而不知是刻意還是巧合，這場撤退猶如德國名將埃里希‧馮‧曼斯坦（Erich von Manstein）元帥（＊05）的「反手一擊」（＊06），讓諾曼軍得以反攻成功。

兵形象水。
故兵無常勢，水無常形。

這句話出自《孫子兵法》，後面接的是「能因敵變化而取勝」。

意思是「所謂的兵法，不該堅持固定的做法，應該觀察對方採取的行動，然後像水一樣靈活地隨機應變」。當時的諾曼軍應該也是因為見到英格蘭軍激烈抵抗，認為「硬碰硬不是明智之舉」才會暫時撤退吧。

最後英格蘭軍慘敗，哈羅德二世則在混亂之中被敵方的流矢射中右眼而戰死（＊07）。

就這樣，「戈德溫王朝」才短短9個月就覆滅了。

（＊06）這種戰術是假裝潰逃以誘使敵軍追擊，等戰線拉長再一口氣反攻回去，擊敗敵軍。但是不曉得當時的諾曼軍是刻意採取這種作戰方式，還是湊巧演變成這種情況。

（＊07）這是其中一種說法。實際上，目前並不清楚哈羅德二世的死因為何。

序章　家系圖的基礎知識

第1章　英國的系譜

第2章　法國的系譜

第3章　神聖羅馬帝國的系譜

第4章　普奧的系譜

第5章　俄羅斯的系譜

第6章　丹挪希英的系譜

戈德溫王朝
1066.1/6 – 10/14

戈德溫家族

唔啊啊啊啊！
被流矢射中啦！

第 1 代
哈羅德二世
1066.1/6 – 10/14

第3幕

英國第二個征服王朝

諾曼王朝

第一個「征服王朝」存續不到30年就滅亡了，但拿回來的王冠又被第二個「征服王朝」給搶走。這個王朝就是「諾曼王朝」。不過，這次的「征服王朝」同樣存續不到70年就滅亡，之後便進入「無政府時代」，這是一段長達20年左右的戰亂期。

有人不承認我的王位並發起叛亂，導致我的統治時期被稱為「無政府時代」……

第1代
史蒂芬
1135 – 1154

〈 諾曼王朝～布盧瓦王朝 〉

A

諾曼王朝
1066 - 1135/1154

第 1 代
威廉一世
（征服者威廉／紀堯姆）
1066 - 1087

布盧瓦伯爵

B

第 2 代
威廉二世
（紅臉威廉）
1087 - 1100

布盧瓦伯爵
艾蒂安二世

王朝更迭

阿黛拉

C

布盧瓦王朝
1135 - 1154

無政府時代

有人不承認我的王位並發起叛亂，導致我的統治時期被稱為「無政府時代」……

第 1 代
史蒂芬
1135 - 1154

D

① ② ③

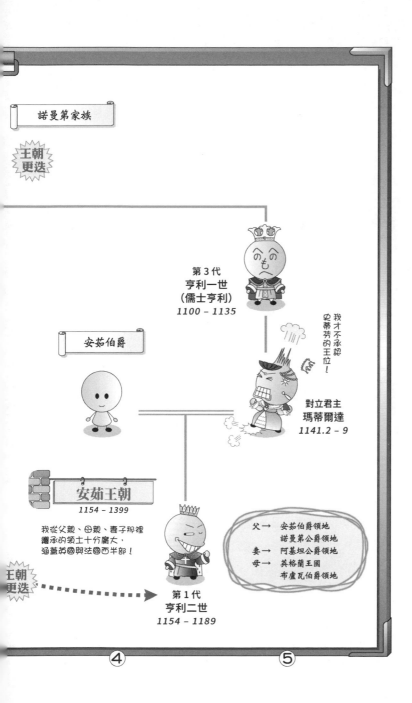

諾曼第家族

王朝
更迭

第 3 代
亨利一世
（儒士亨利）
1100 - 1135

安茹伯爵

我才不承認
安蒂芬的王位！

對立君主
瑪蒂爾達
1141.2 - 9

安茹王朝
1154 - 1399

我從父親、母親、妻子那裡
繼承的領土十分廣大，
涵蓋英國與法國西半部！

王朝
更迭

第 1 代
亨利二世
1154 - 1189

父 → 安茹伯爵領地
　　 諾曼第公爵領地
妻 → 阿基坦公爵領地
母 → 英格蘭王國
　　 布盧瓦伯爵領地

④　　　　　　　⑤

翻 閱歷史會發現，戰爭中經常發生這種情況：己方本來占上風，卻因為流矢意外射中大將，導致形勢一下子就逆轉了！

例如中國的「檇李之戰（西元前496年）」。

當時（春秋時代）吳越兩國為敵對關係，吳國（闔閭）曾率領10萬大軍攻打越國（勾踐）。

雖然越國的兵力比不上吳國，但士兵都勇敢奮戰，後來闔閭在激戰中遭流矢射傷，吳軍因而慘敗。

除此之外，還有印度的「第二次帕尼帕特戰役（The Second Battle of Panipat，1556年）」。

蒙兀兒帝國第3代皇帝阿克巴（Akbar）登基後不久，就必須與叛變的赫穆（Hemu）將軍交戰。

然而，彼眾（10萬）我寡（2萬），再加上對手是「稀世名將赫穆率領的精銳」，蒙兀兒軍沒有勝算，轉眼間就陷入劣勢。

不過，就算刀折矢盡、日暮途窮，阿克巴仍然不屈不撓地奮戰到最後一刻，這時己方射出的一枝箭命中了赫穆。

失去名將赫穆的敵方頓時陷入恐慌，潰不成軍，最後阿克巴成功反敗為勝。

勝利女神只對絕不放棄者微笑

日本也曾在日俄戰爭的「黃海海戰（1904年）」中，一度陷入令人絕望的狀況，不過指揮官東鄉平八郎有顆「永不放棄的心」，最後日本戰艦「幸運的一砲」命中俄羅斯戰艦，日本因而反敗為勝。

「幸運的一砲」是一個非常有名的歷史故事，這裡就不詳述了[*01]。總之翻閱歷史便會發現，這種奇蹟並非「機率很低，但每個人都有機會發

（＊01）想要知道詳細內容的讀者，請參考拙著《世界史劇場：甲午、日俄戰爭始末》（楓樹林出版社）。

生」，而是一定只會發生在「直到最後都不放棄的人」周圍。

諾曼征服（諾曼王朝）

　　當時的英國也是如此，哈羅德被流矢射中後，英格蘭軍很快就潰散，諾曼軍則從劣勢翻身。

　　於是，紀堯姆就這樣即位為「威廉一世（William I the Conqueror）（A-3）」，不過從家系圖來看，宣信者愛德華與威廉一世之間同樣隔著「女性（愛瑪）」，故這時開啟了新王朝（諾曼王朝）。

　　然而，這個新王朝也沒有維持多久的時間，威廉一世的後繼者威廉二世（B-1）沒有子嗣，接下來繼位的弟弟亨利一世（Henry I）（B-5）也沒有兒子[02]，婚生子女只剩瑪蒂爾達（Matilda）這個女兒，最後只好指定自己的女兒為繼承人[03]。

　　但是，亨利一世的外甥史蒂芬（Stephen）（C/D-2/3）卻反對這件事情。

無政府時代（布盧瓦王朝）

　　史蒂芬的母親是亨利一世的姊姊阿黛拉（Adèle）（B-3），父親是布盧瓦伯爵艾蒂安二世（Étienne II）（B-2），因此成為國王的話，他就是「女系國王」，這時王朝就會更迭，但他又不甘心地覺得「怎麼能把寶座交給女人！」故1135年亨利一世駕崩後，史蒂芬立即無視先王的遺願強行登基。

　　於是，英國就分成史蒂芬陣營與瑪蒂爾達陣營，進入兩派相爭的「無政府時代」。

　　若說到「國家分成兩派爭奪天下」的例子，日本有戰國末期的「西軍

（＊02）本來有個名叫威廉的婚生兒子，但他在17歲時發生船難而溺死。私生子女（情婦的孩子）當中也有兒子，但私生子沒有繼承權。

（＊03）如果直接由瑪蒂爾達的兒子（亨利）繼承王位，他就是女系國王，這樣一來諾曼王朝才經過短短3代就改朝換代了。

序章　家系圖的基礎知識

第1章　英國的系譜

第2章　法國的系譜

第3章　神聖羅馬帝國的系譜

第4章　普奧的系譜

第5章　俄羅斯的系譜

第6章　丹挪希英的系譜

（豐臣陣營）與東軍（德川陣營）」之爭，中國在秦朝滅亡後，則有「漢（劉邦陣營）與楚（項羽陣營）」爭奪天下的楚漢戰爭，看來無論哪個國家都會為了下任國王寶座而爆發激烈的爭奪戰。

　　當時英國也發生了激烈的鬥爭，甚至有段時期因為史蒂芬戰敗^{（＊04）}被俘，改由瑪蒂爾達即位（1141年2～9月），由於戰亂持續很長一段時間，雙方陣營的支持者與繼承人接連遭遇不幸，厭戰氣氛蔓延開來，難以再繼續爭鬥下去，於是雙方便在1153年提出了妥協方案。

　　──首先，瑪蒂爾達必須承認史蒂芬的王位。

　　不過，史蒂芬死後，由瑪蒂爾達的兒子繼承王位。

　　這項協議成立之後，英國獲得了久違的和平，但布盧瓦王朝因而成了「一代王朝」。

　　一般會將布盧瓦王朝視為「上個王朝的一部分」，至於原因就跟戈德溫王朝一樣，是因為布盧瓦王朝乃「一代王朝」^{（＊05）}。

我才不承認
史蒂芬的
王位！

**對立君主
瑪蒂爾達**
1141.2 - 9

（＊04）即1141年的「第一次林肯戰役（The First Battle of Lincoln）」。

（＊05）不過在中國歷史上，像「新莽」這種一代王朝則會視為獨立王朝。

第4幕

安茹帝國的興衰

金雀花王朝（前期）

諾曼王朝絕滅後的「無政府時代」，最終由「金雀花王朝」劃下休止符。這個王朝同樣不是盎格魯－撒克遜系，而是「法蘭西系」，此後英國王室幾乎都是外國人王朝。

這個王朝到13世紀結束為止都算是「前期」，之後則為「後期」，本幕介紹的是「前期」。

第三次十字軍東征

我最喜歡打仗了！驍勇善戰的國王都會被冠上「雄獅」的稱號！

第2代
理查一世
（獅心王理查）
1189－1199

〈 金雀花王朝（前期）〉

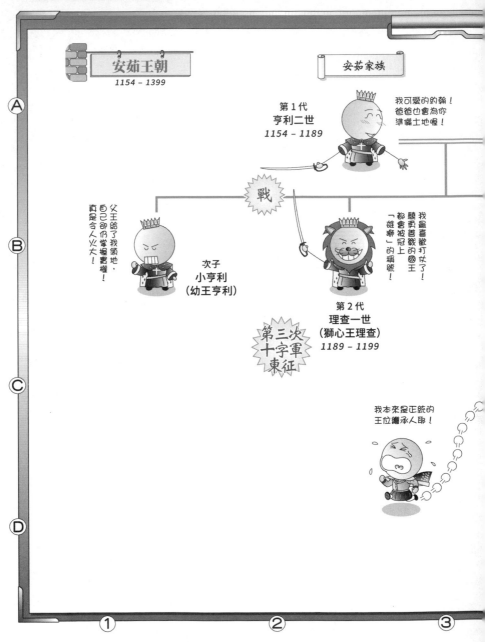

安茹王朝
1154－1399

安茹家族

第1代
亨利二世
1154－1189

我可愛的約翰！爸爸也會為你準備土地喔！

次子
小亨利
（幼王亨利）

父王給了我領地，自己卻仍掌握實權！真是令人火大！

第2代
理查一世
（獅心王理查）
1189－1199

我最喜歡打仗了！驍勇善戰的國王都會被冠上「雄獅」的稱號！

戰

第三次十字軍東征

我本來是正統的王位繼承人耶！

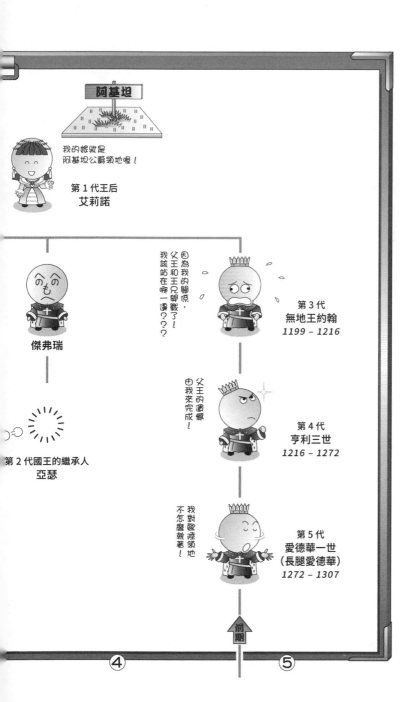

阿基坦

我的嫁妝是
阿基坦公爵領地喔！

第 1 代王后
艾莉諾

傑弗瑞

第 2 代國王的繼承人
亞瑟

因為我的關係，
父王和王兄開戰了！
我該站在哪一邊？？？

第 3 代
無地王約翰
1199 – 1216

父王的遺憾
由我來完成！

第 4 代
亨利三世
1216 – 1272

我對國產領地
不怎麼執著！

第 5 代
愛德華一世
（長腿愛德華）
1272 – 1307

前期

④　　　⑤

如 同前述，在英國歷代王朝中，最早的盎格魯－撒克遜王朝存續了約
200年，之後因為子嗣單薄，丹麥王朝（26年）、盎格魯－撒克遜
復辟王朝（23年）、戈德溫王朝（9個月）、諾曼王朝（69年）與布盧瓦
王朝（19年）都是短期王朝。

不過，接下來的「金雀花（Plantagenet）王朝」，就是一個統治到中
世紀末的長期政權。

久遠的長期政權（金雀花王朝第1代）

瑪蒂爾達與史蒂芬達成協議後不到1年，史蒂芬國王就駕崩了，因此
瑪蒂爾達的兒子亨利正式即位為「亨利二世（A-2/3）」[*01]。

這個新王朝的名號如果取自他父親的爵位（安茹伯爵）便稱為「安茹
（Anjou）王朝」，若取自家名（金雀花家族）則稱為「金雀花王朝」。

亨利二世即位為英王之前，已經從父親那裡繼承「安茹伯爵領地」與
「諾曼第公爵領地」，此外還從妻子艾莉諾（Aliénor d'Aquitaine）（A-
3/4）那裡繼承「阿基坦公爵領地（A-4）」，這次從母親那裡繼承「英格
蘭王位」之後，即建立了一個統治範圍從不列顛島至法國西部的「安茹
帝國」。

積木塔堆到最高時必定會垮掉

也就是說，這個擁有英國史上最大版圖[*02]的「帝國」，單純是靠
繼承獲得這些土地，而不是靠戰爭奪取，或是靠外交贏得的。

堆積木塔的時候，堆得越高積木塔越不穩定，當我們堆到最高時積木
塔就會一下子垮掉，國家、組織或個人也是如此，「正值巔峰時」是最危
險的。

（＊01）亨利作為諾曼第公爵時稱為「亨利一世（Henri I）」，作為安茹伯爵與阿基坦公爵時稱為
「亨利二世（Henri II）」，擔任英格蘭國王時稱為「亨利二世（Henry II）」。

（＊02）不過，這裡只看位於歐洲的本國領土，不包括近代以後的海外殖民地。

序章　家系圖的基礎知識

第1章　英國的系譜

第2章　法國的系譜

第3章　神聖羅馬帝國的系譜

第4章　普奧的系譜

第5章　俄羅斯的系譜

第6章　丹挪希英的系譜

何況這些土地不是靠「實力」贏得，而是靠「繼承」取得，那就更不用說了。

本來「繁榮時更要繃緊神經，仔細看清腳下的路一步步穩穩地走」，但現實中能夠實踐這件事的人寥寥無幾。

大部分的人都是陶醉、沉浸在繁榮中，態度變得驕傲自滿，最後毀了自己。正值巔峰狀態仍不失自制心的人，只有名留青史的明君而已。

魚是從內臟開始腐敗(＊03)

此外，崩壞的起因大多來自「內部」。

中國古籍有云：「糟糠之妻不下堂(＊04)。」驕傲自滿會令「糟糠之妻下堂」，之後自己就會遭到好幾倍的報應，從底部開始崩毀。

亨利二世也犯了這個錯誤，驕傲自滿地沉浸在榮華之中。

說到底，能有「安茹帝國」的榮華，要歸功於他的「某大姐(＊05)」艾莉諾的支持。

但沉浸在榮華之中的亨利二世變得自大起來，不久就開始冷落妻子，找年輕女子羅莎門德‧克利弗德（Rosamund Clifford）陪在身邊。

自尊心高的艾莉諾決定休夫，因此策劃讓孩子們「生前繼承『安茹帝國』」的領土。

當時的法蘭西國王（路易七世）也協助她(＊06)，於是亨利二世便將安茹伯爵領地與諾曼第公爵領地封給次子亨利(＊07)（B-1），將阿基坦公爵領地封給三子理查（B-2/3），將孛艮第公爵領地封給四子傑弗瑞（B-3/4）。

當時么子約翰（B-5）才2歲，所以沒分到領地(＊08)，不過隨著約翰

（＊03）俄羅斯有句諺語叫做「魚是從頭開始腐敗」，不過現實中的魚是從內臟開始腐敗。

（＊04）出自《後漢書》。說這句話的人是仕於東漢光武帝的宋弘（字仲子），意思是「不能因為現在富貴了，就拋棄年輕貧困時與自己共患難的妻子」。

（＊05）她比亨利二世年長11歲。

慢慢長大，亨利二世對這個么子疼愛得無以復加，無論如何都想分塊領地給他。

可是，領土早已分封給其他的兒子了。

於是1173年，亨利二世打算從王太子（小亨利）的安茹伯爵領地中剝奪3座城堡[＊09]分給約翰。

小亨利當然反對這件事，弟弟們（三子、四子）也站在他這邊，結果發展成「兒子對抗父親」的叛亂。

亨利二世一度陷入危機，好不容易才平息這場風波，但他並未學到教訓，接著又想剝奪三子理查的領地（阿基坦）分給約翰。

他打算把前陣子驟逝的小亨利的領地交給理查權作補償，但阿基坦公爵領地是理查與母親經營多年、已與領民建立信賴關係的領地，自然無法忍受這塊領地輕易被搶走，轉封深受父親控制的領地。

如果要比喻的話，這就類似豐臣秀吉（亨利二世）命令德川家康（理查）「從東海五州（阿基坦）轉封為關八州（安茹）」，當時家康因為自己與秀吉的軍事力量相差懸殊而屈服，反觀理查這時已成功與法王腓力二世結盟，擁有充足的戰力，於是他決定反抗父親。

亨利二世再度陷入困境，但他所做的一切全是為了可愛的約翰！

「這種困境沒什麼了不起，不管來幾次我都能克服！」

亨利二世鞭策自己的老骨頭，全心全力為約翰堅持到底，然而這時他卻接到了不可置信的消息。

──報告！

無地王子約翰，好像倒戈到理查王子那邊了！

「什麼!?約翰倒戈了!?

他以為我是為了誰而戰的!?」

（＊06）法蘭西國王路易七世是艾莉諾的前夫，在削弱亨利二世勢力的計畫上兩者的利害關係一致，故他也幫忙慫恿亨利二世分封領地。

（＊07）亨利二世有個名叫威廉的長子，但是早天。順帶一提，由於亨利父子同名同姓，故通常稱兒子為「小亨利」來作區別。

序章　家系圖的基礎知識

第1章　英國的系譜

第2章　法國的系譜

第3章　神聖羅馬帝國的系譜

第4章　普奧的系譜

第5章　俄羅斯的系譜

第6章　丹挪帝英的系譜

沒想到，約翰竟然毫不猶豫地背叛為自己而戰的父親，加入哥哥理查的陣營。

至此，亨利二世的孩子全都與他反目對立。

亨利二世也因為打擊太大而喪失求生意志，過不了多久就含恨死去。

愛恨情仇皆自慈

亨利二世建立了「安茹帝國」，成為統治這個帝國的君主，但妻子對他心灰意冷，4個兒子也都恨他、忤逆他、背叛他，最後他在孤獨與絕望的深淵中悲哀地死去。

不過歸根究柢，一切都起因於他「令糟糠之妻下堂」，所以會有這種結果可說是自作自受。

第三次十字軍東征（金雀花王朝第2代）

就這樣，三子理查一世（Richard I）便在1189年繼承了亨利二世的王位。

歐洲有個習慣，驍勇善戰的君主會被冠上「雄獅」的稱號，日後被稱為「獅心王」的理查一世同樣勇武過人，而他成名的「開端」就是即位後爆發的「第三次十字軍東征」。

當理查還在與父王交戰的期間（1187年），聖地耶路撒冷傳出遭穆斯林攻克的消息，於是教宗額我略八世（Gregorius VIII）號召各國收復耶路撒冷，才促成這次東征。

當時的十字軍成員有：

・英王　金雀花王朝　第2代　理查一世（獅心王）
・法王　卡佩王朝　第7代　腓力二世（尊嚴王）

（＊08）這就是日後他被稱為「無地王」的由來。

（＊09）那3座城堡分別是希農城堡（Château de Chinon）、盧丹城堡（Château de Loudun）以及米爾博城堡（Château de Mirebeau）。

・德皇　斯陶芬王朝　第2代　腓特烈一世（紅鬍子）

　　成員全都是傑出的人物，但也因此無法齊心協力，猶如多頭馬車。其中德皇腓特烈一世在抵達目的地之前就溺死了，法王腓力二世也很早就撤退，只剩理查一世孤軍奮戰，但打了很久的拉鋸戰令軍中充滿思鄉之愁與厭戰氛圍，此外還收到「有可能發生政變！」的消息，因為早早就回國的腓力二世慫恿理查一世的弟弟約翰叛亂，最後理查一世決定與穆斯林講和並返回英格蘭。

　　好不容易回國[*10]的理查一世隨即與慫恿約翰的腓力二世交戰。統治英國期間，理查一世鮮少坐在寶座上，而是轉戰千里[*11]，最後死在了戰場上。

喪失歐陸領土（金雀花王朝第3代）

　　君主在位期間若是經常四處征戰，領土就會從他的下一代開始縮小，這是歷史的鐵則。

　　以歐洲為例，查士丁尼大帝（Justinian the Great）想要「重建古羅馬帝國」而熱中於擴張戰爭，最後成功打下拜占庭帝國千年歷史上的最大版圖，但他死後領土卻迅速縮小，從世界帝國衰落成地方政權。

　　印度的蒙兀兒帝國第6代皇帝奧朗則布（Aurangzeb），統治期間花費了大半時間在戰爭上，成功打下最大疆域，但他死後帝國就迅速衰退。

　　日本也一樣，20世紀前半葉一再進行魯莽的擴張戰爭，最後或許成功締造了日本2600年悠久歷史上的最大版圖，然而接下來等著日本的卻是毀滅。

車橫推，車軸折

（＊10）回國的途中也是一波三折，不過詳情這裡就省略不談了。

（＊11）10年的統治期間，他停留在英國的時間只有半年，其餘9年半都在歐陸四處征戰。

橫推車子或許能將車子推動，但這樣不僅浪費力氣，而且要不了多久車輪就會壞掉而徒勞無功。同樣的，強行推動事物就算暫時看起來十分順利，也會很快就產生反作用，最後一切都化為泡影。

此時的英國也不例外，將大半時間都花費在對外戰爭的理查一世駕崩後，從他的下一代開始「安茹帝國」就逐漸瓦解了。

而繼承理查一世的下一代，就是金雀花王朝第3代國王「無地王約翰（John Lackland）」。

他是一位無能的君主，為人惡劣、殘忍、厚臉皮，堪稱是英國王室千年歷史中最差勁的人物，惡名流傳後世。「約翰」原本是英國王室常見的名字，後來大家都避免給自己的孩子取這個名字，直到現在名叫「約翰」的英王只有他一個，故他的名字後面也沒有歐洲大部分的君主都會加上的「〇世」[＊12]。

有些歷史類書籍把「安茹帝國」瓦解的責任全歸在他的「無能」上，不過如同前面看到的情況，我們也不能忽略他是「被迫收拾獅心王理查留下的爛攤子」這一事實。

約翰登基後，法王腓力二世認為這是個好機會而找理由開戰[＊13]，最後約翰面臨了悲慘的結果：除了加斯科涅（Gascogne），他在法蘭西的領地全被法王奪走。

之後，約翰與他的兒子亨利三世（C-5）這2代國王試圖奪回領地，但皆以失敗告終，從亨利三世的兒子愛德華一世（Edward Longshanks）（D-5）這代以後，英王就完全放棄搶回歐陸領地，轉而盡力解決國內堆積如山的問題。

由於愛德華一世放棄奪回歐陸領地，這個誕生在亨利二世的時代，又在他的兒子約翰這一代瓦解的「安茹帝國」，到了他的曾孫愛德華一世的

（＊12）當同名的國王有2位以上時，才會在王名後面加上「一世」或「二世」。假如將來英國又有名叫「約翰」的國王登基，屆時史書就要重寫，改稱他為「約翰一世」。

（＊13）即佛蘭德－吉耶訥戰爭。腓力二世藉約翰休妻改娶他人的未婚妻一事興師問罪，宣布剝奪約翰在法蘭西擁有的所有領土。約翰無法接受，因而爆發戰爭。

序章　家系圖的基礎知識

第1章　英國的系譜

第2章　法國的系譜

第3章　神聖羅馬帝國的系譜

第4章　普奧的系譜

第5章　俄羅斯的系譜

第6章　丹挪希英的系譜

時代已完全沒有復活的希望，不過愛德華一世當時所做的努力倒是為日後的英國議會奠定了基礎。

因為我的關係，父王和王兄開戰了！我該站在哪一邊？？？

第3代
無地王約翰
1199－1216

第1章 英國的系譜

第5幕

百年戰爭（前期）

金雀花王朝（後期）

「金雀花王朝」前期主要面臨的是「內亂」，後期則是以「對外戰爭」為主。那場戰爭就是「百年戰爭」。

事情的開端是當時鄰國法蘭西正好面臨直系絕嗣的情況，愛德華三世便趁機找碴介入法國的王位繼承問題。

咯咯咯咯！
我利用母后曾是法蘭西公主
這件事對法國引戰。

第7代
愛德華三世
1327 – 1377

〈 金雀花王朝（後期）〉

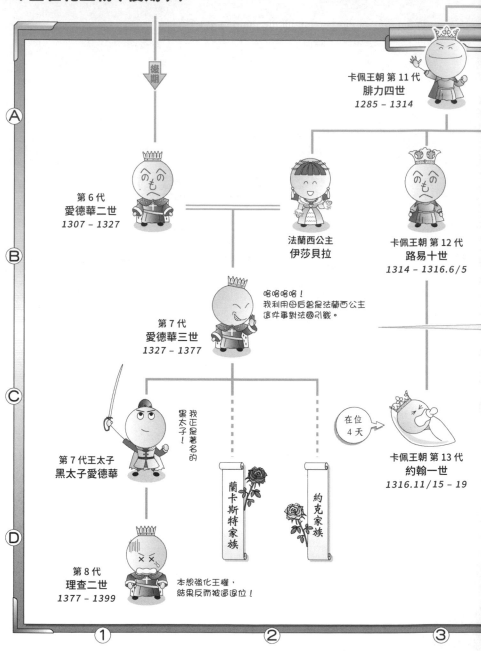

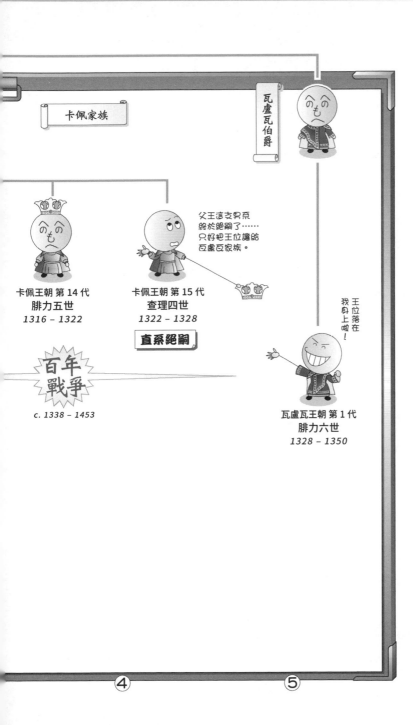

卡佩家族

瓦盧瓦伯爵

卡佩王朝 第 14 代
腓力五世
1316 – 1322

卡佩王朝 第 15 代
查理四世
1322 – 1328

直系絕嗣

父王這支男系
終於絕嗣了……
只好把王位讓給
瓦盧瓦家族。

百年
戰爭

c. 1338 – 1453

王位落在
我身上啦！

瓦盧瓦王朝 第 1 代
腓力六世
1328 – 1350

④　　　　　⑤

看完前面的歷史相信大家都發現了，國家陷入混亂時往往是在「國王膝下無子，王位繼承問題難以解決」的時候。

就這個意思來說，「國王沒有子嗣」足以算是「罪孽深重」[*01]，反之只要有子嗣，就算是個無所作為的國王，也能說他「盡到國王最基本的義務」。

雖然後世對約翰的評價淨是「無能」、「暴虐」、「叛徒」、「不要臉」這類負面詞彙，不過就這方面而言，他或許可以算是一位「明君」。

這是因為以約翰為起點[*02]，第3代、第4代、第5代、第6代、第7代、第8代這6代約200年的期間，王位都很順利地父死子繼。

內平後增外勢

不過無論哪個時代，「內部（國內）」安定後，政治的矛頭自然就會朝向「外部（國外）」。

當時的英國也在王位穩定繼承後，把目光投向國外，重新燃起一度放棄的「奪回歐陸領地」之野心。

百年戰爭的爆發（金雀花王朝第5代）

這個起頭人就是愛德華三世（B／C-2）。

愛德華三世當上國王時，與他關係匪淺的法蘭西正面臨國王「沒有兒子也沒有弟弟」的狀況。

我們已在前面學過，這種時候會「從男系親屬挑選繼承人，如果也沒有男系親屬，就只能把王位交給女系國王了，於是王朝就會更迭」。

不過，這回幸好法王查理四世（A／B-4／5）還有男系親屬——堂兄

（＊01）就是出於這樣的歷史背景與迫切的原因，才會無論哪個國家都有「生小孩是王后的工作」這種觀念，王后也會被要求「快點生小孩！」而壓力非常大。

（＊02）不過，如果有人問：「只不過是成為『起點』而已，那不算約翰的功績吧？」確實完全無法反駁就是了。

瓦盧瓦伯爵腓力（B／C-5），所以沒有問題。

可是，愛德華三世卻提出異議。

「從查理四世算起的話，瓦盧瓦伯爵是4親等（堂兄），我則是3親等（外甥），所以我的血緣比較濃！

我才適合成為下任的法蘭西國王！」

的確，只看「血緣濃度」的話或許是這樣沒錯，但看家系圖就一目了然，愛德華三世屬於「女系」，所以繼承順位本來就是最低的[*03]。

愛德華三世也一度同意腓力繼位，但是過了不久就反悔，最後發展成戰爭。

這場戰爭就是著名的「百年戰爭（c.1338～1453年）」。

百年戰爭的背景

不過，愛德華三世當然也很清楚屬於女系的自己並無繼承權。

那只是「引戰的藉口」，真正的原因另在他處。

其實，當時英國的基礎產業為羊毛產業，而羊毛幾乎都出口到佛蘭德（Flandre）[*04]。

但是，當時佛蘭德是法蘭西領土，英法關係又日益惡化，要是法蘭西宣布「禁止進口英格蘭的羊毛！」英格蘭的財政就會立即陷入困境。

為了確保羊毛今後仍然能夠穩定地出口，不受英法關係的影響，英格蘭才會企圖「占領佛蘭德」，而這次的法蘭西王位繼承問題就成了一個好藉口。

王朝的末代國王（金雀花王朝第6代）

愛德華三世的嫡長子黑太子愛德華（C／D-1），因為在百年戰爭初期戰績顯赫而出名，但可惜的是，愛德華三世在位長達50年，黑太子比父王

（＊03）法蘭西本來就有禁止女系繼承的習慣法《薩利克法（The Salic Law）》，腓力六世便是依據此法駁回愛德華三世的主張。

（＊04）現在的荷蘭至北法一帶。當時該地區盛行毛織物產業，是英格蘭產羊毛的主要出口地。

序章　家系圖的基礎知識

第1章　英國的系譜

第2章　法國的系譜

第3章　神聖羅馬帝國的系譜

第4章　普奧的系譜

第5章　俄羅斯的系譜

第6章　丹挪希英的系譜

早一步離世，故繼承王位的人是孫子理查二世（D-1）。

而他正是金雀花王朝的「末代國王」。

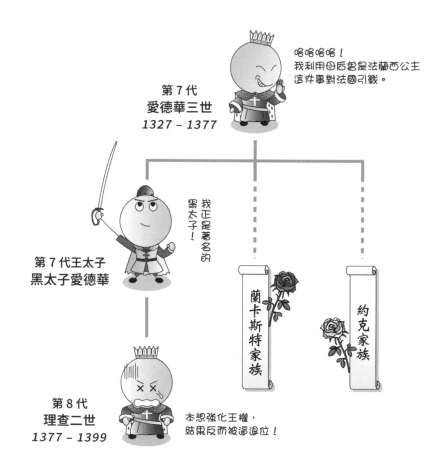

第7代
愛德華三世
1327 – 1377

咯咯咯咯！
我利用母后曾是法蘭西公主
這件事對法國引戰。

第7代王太子
黑太子愛德華

我正是著名的
黑太子！

第8代
理查二世
1377 – 1399

本想強化王權，
結果反而被逼退位！

蘭卡斯特家族

約克家族

第1章 英國的系譜

第6幕

百年戰爭（後期）

蘭卡斯特王朝・約克王朝

「百年戰爭」依然持續進行，然而英國接下來卻進入內鬨時代。英王理查二世被堂弟亨利四世趕下寶座，接著誕生的「蘭卡斯特王朝」也只維持3代就被同族的愛德華四世奪取王位，之後誕生的「約克王朝」同樣上演家族互相殘殺的戲碼，混亂的時代就這麼持續下去。

我絕對不允許有人用不合法手段篡奪王位！

約克公爵 第3代
理查

〈 蘭卡斯特王朝～約克王朝 〉

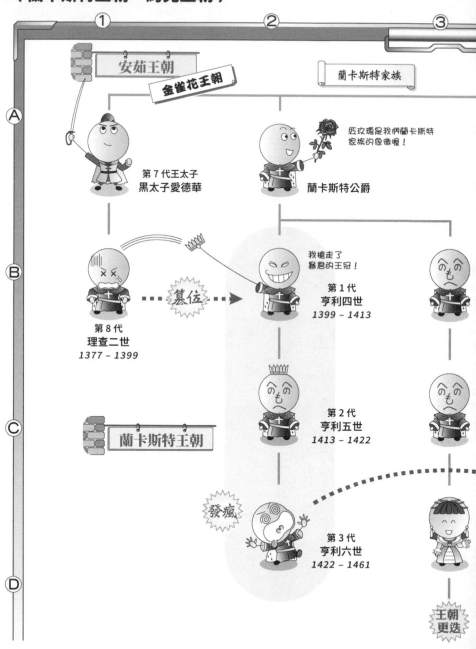

安茹王朝

金雀花王朝

蘭卡斯特家族

第7代王太子
黑太子愛德華

蘭卡斯特公爵

玫瑰是我們蘭卡斯特
家族的發徽喔！

第8代
理查二世
1377 – 1399

篡位

我搶走了
暴君的王冠！

第1代
亨利四世
1399 – 1413

蘭卡斯特王朝

第2代
亨利五世
1413 – 1422

發瘋

第3代
亨利六世
1422 – 1461

王朝
更迭

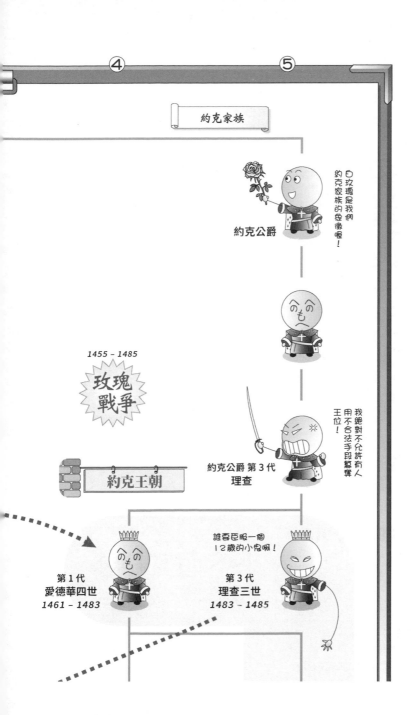

序章　家系圖的基礎知識

第 1 章　英國的系譜

第 2 章　法國的系譜

第 3 章　神聖羅馬帝國的系譜

第 4 章　普奧的系譜

第 5 章　俄羅斯的系譜

第 6 章　丹挪希英的系譜

④　　⑤

約克家族

白玫瑰是我們
約克家族的愛徽喔！

約克公爵

1455 – 1485

玫瑰
戰爭

我絕對不允許有人
用不合法手段篡奪
王位！

約克公爵 第 3 代
理查

約克王朝

誰要臣服一個
12 歲的小鬼啊！

第 1 代
愛德華四世
1461 – 1483

第 3 代
理查三世
1483 – 1485

前 面提到，掀起百年戰爭的愛德華三世駕崩時，嫡長子黑太子愛德華（A-1）早已去世，所以王位由黑太子的兒子理查（B-1）繼承。

王室的分裂（金雀花王朝第8代）

但是，當時理查二世還只是個10歲小孩，當然不會處理政事，因此便由他的叔叔蘭卡斯特公爵（A-2）與其他貴族一同輔佐他。

講好聽點是「輔佐」，不過實際管理國家的人是蘭卡斯特公爵，理查二世只是「傀儡」。

理查二世也因為年紀還小而不得不接受這樣的身分，不過自從他15歲那年結婚（＊01）以後，情況就出現了變化。

王后安妮得知丈夫並無實權，便鼓勵理查二世親政。

——這個國家的國王可是你喔！

於是理查二世開始朝著「親政」穩步前進，他先將礙眼的蘭卡斯特公爵逐出宮廷，接著將寵臣安排在身邊服侍，但沒想到平時管著他的安妮王后才27歲就驟逝，無人管束後理查二世的情緒就變得很不穩定，逐漸成為一位暴君。

理查二世曾當眾杖打貴族，因而逐漸失去聲望，再加上蘭卡斯特公爵去世後，理查二世下令沒收蘭卡斯特公爵的領地，蘭卡斯特公爵的兒子亨利（B-2）遂決定造反。

他趁理查二世遠征（＊02）不在國內的時候發動政變，成功掌握宮廷之後，便逮捕急忙趕回來的理查二世，並且自行登上王位。

君子門庭若市，

小人門可羅雀 （＊03）

（＊01）王后是神聖羅馬帝國皇帝查理四世（Karl IV，或譯為卡爾四世）的女兒安妮（Anne），她比理查二世年長1歲。

（＊02）指1399年的愛爾蘭遠征。

政變會如此輕易地成功，不只是因為理查二世獨斷的人事異動引起貴族們反感，更大的原因是統治後期他變得粗暴且情緒起伏激烈，因而失去聲望。

因此一得知亨利造反，貴族們全都加入叛軍，幾乎沒有貴族願意站在國王這邊，這是很大的敗因。

即便中間還有各種因素，事情能否成功最終仍是取決於「聲望」。

王朝篡奪（蘭卡斯特王朝）

亨利就這樣即位為新國王「亨利四世（B-2）」，從家系圖來看，亨利四世是理查二世的「男系親屬^{（＊04）}」，因此在學術觀點上，此時並未發生「王朝更迭」。

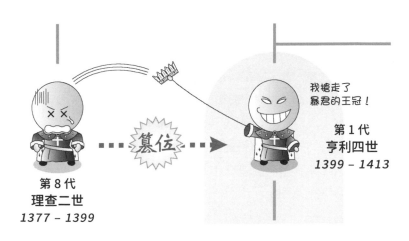

我搶走了暴君的王冠！

第 1 代
亨利四世
1399 – 1413

篡位

第 8 代
理查二世
1377 – 1399

（＊03）意思是「具有聲望的人會吸引許多人，不具聲望的人則無人願意接近」。「門庭若市」是比喻上門的人很多，熱鬧得有如市集；「門可羅雀」則是比喻上門的人很少，冷清到可以張網捕雀。

序章　家系圖的基礎知識

第 1 章　英國的系譜

第 2 章　法國的系譜

第 3 章　神聖羅馬帝國的系譜

第 4 章　普奧的系譜

第 5 章　俄羅斯的系譜

第 6 章　丹挪希英的系譜

但是翻閱歷史類書籍卻會發現，每一本都稱此時「發生王朝更迭」或「開啟蘭卡斯特（Lancaster）王朝」，這是為什麼呢？

其實，我在本書的「序章」中也說明過，即便是「男系親屬繼位」，如果繼位者是用「武力篡位」的方式，就會採權宜做法將之視同「王朝更迭」。

這次就是一個典型的例子，雖然王位是「由男系親屬繼承」，理論上算是「同一個王朝」，但因為是透過「放伐」方式，故形式上視同「王朝更迭」。

這個蘭卡斯特王朝的時代差不多是「百年戰爭後期」，王位十分順利地「父傳子」、「父傳子」，到了第3代國王亨利六世（D-2）時（1453年），「百年戰爭」也終於結束了。

玫瑰戰爭爆發（約克王朝第1代）

然而，英國並未重獲睽違115年（＊05）的和平，就在大家以為百年戰爭終於落幕的2年後，英國沒有記取教訓，再度發生長達30年的內亂。

對英國而言，「1453年」其實是動盪的一年，「百年戰爭」在這一年劃下句點，國王亨利六世在這一年發瘋，亨利六世期盼已久的繼承人也在這一年誕生。

約克家族原本就不滿蘭卡斯特家族篡位，見「國王發瘋，繼承人還是個乳兒」，多年的積怨終於爆發而決定造反。

這就是「玫瑰戰爭（1455～1485年）」的開端。

發起叛亂的約克公爵理查（C-5）本身戰死在混戰之中（1460年），不過他的兒子愛德華成功即位為「愛德華四世（C/D-4）」，就此開啟了「約克（York）王朝」（＊06）。

（＊04）理查二世的叔叔的兒子（堂弟）。

（＊05）百年戰爭發生在1338年左右至1453年期間。

血腥寶座（約克王朝第3代）

　　但是愛德華四世英年早逝（享年40歲），當時王太子愛德華（D/E-5）還只是個12歲的孩子。

　　「誰要伺候一個12歲的小鬼啊！」

　　愛德華四世的弟弟理查（C/D-5）感到不服而發動政變，囚禁、殺害剛登基的愛德華五世，自己即位為理查三世。

持劍者必死於劍下

　　理查三世登基後，將蘭卡斯特家族的人趕盡殺絕以鞏固自己的王位，但坐上「血腥寶座」的人終究要面臨「血腥的人生」與「血腥的末路」。

　　由於理查三世殺死還是孩子的愛德華五世奪取寶座，鮮少有人真心發誓效忠於他，在位期間政情不穩，總是擔心有人會叛亂，而且不知道是不

1455 – 1485

約克公爵 第3代
理查

我絕對不允許有人用不合法手段簒奪王位！

（＊06）從蘭卡斯特王朝末代國王亨利六世算起，愛德華四世也是「男系王族」，故在學術觀點上不算王朝更迭，但因為這次也是「武力簒位」，才會採權宜做法視同王朝更迭，定為「約克王朝的伊始」。

是「蘭卡斯特家族的詛咒（＊07）」，他的愛子與愛妻都早他一步離世。

　　就在理查三世逐漸喪失民心支持之際，蘭卡斯特家族旁系的都鐸公爵亨利（E-3）發起叛亂，貴族全都支持他，理查三世也接連遭到親人的背叛，最後拿著斧頭隻身衝進敵陣戰死。

　　不僅如此，理查三世死後還遭到羞辱，遺體被脫光衣服遊街示眾。

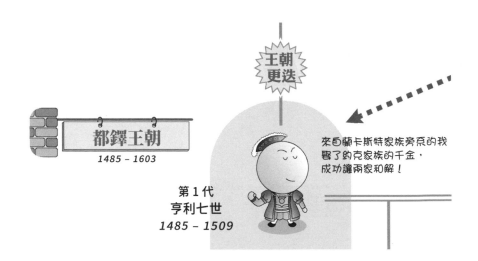

都鐸王朝
1485 – 1603

第1代
亨利七世
1485 – 1509

王朝
更迭

來自蘭卡斯特家族旁系的我，娶了約克家族的千金，成功讓兩家和解！

（＊07）「戰勝者遭到被殲滅者的詛咒而接連發生不幸」的故事，無論東方還是西方都很常見。例如日本就有「平家的詛咒」。

第7幕

邁向絕對主義時代

都鐸王朝

都鐸王朝正好誕生在從中世紀末邁入近世的時代轉換點，這也是一個動盪的時代，英國必須熬過從封建體制轉變為絕對主義體制的「陣痛期」。亨利八世的離婚問題所掀起的宗教風波，即是這種體制轉變的表現。

「我已嫁給了國家！」

第5代
伊莉莎白一世
1558－1603

〈 都鐸王朝 〉

都鐸王朝
1485 – 1603

來自蘭卡斯特家族旁系的我
娶了約克家族的千金，
成功讓兩家和解！

**第 1 代
亨利七世**
1485 – 1509

我要讓西班牙成為
世界第一大國！

西班牙國王
卡洛斯一世
1516 – 1556

不管是誰都只會生女兒，
生不出兒子的王后
全都處死！

**第 2 代
亨利八世**
1509 – 1547

我要殺光
與天主教
為敵的人！

**第 4 代
瑪麗一世**
1553 – 1558

西班牙王太子
菲利佩

我要娶蘇格蘭這個女人

拿下英格蘭！

**第 5 代
伊莉莎白一**
1558 – 160

國教徒

E

F

G

H

1   2   3

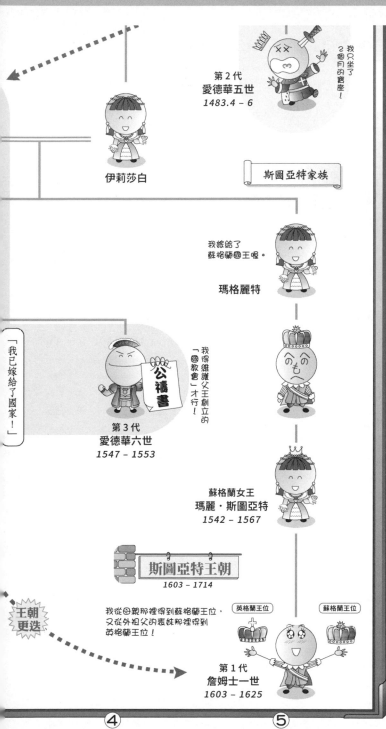

第 2 代
愛德華五世
1483.4 – 6

我只坐了
2 個月的寶座！

伊莉莎白

斯圖亞特家族

我嫁給了
蘇格蘭國王喔。

瑪格麗特

我得維護父王創立的
「國教會」才行！

公禱書

第 3 代
愛德華六世
1547 – 1553

「我已嫁給了國家！」

蘇格蘭女王
瑪麗・斯圖亞特
1542 – 1567

斯圖亞特王朝
1603 – 1714

王朝
更迭

我從母親那裡得到蘇格蘭王位，
又從外祖父的表姑那裡得到
英格蘭王位！

英格蘭王位　　蘇格蘭王位

第 1 代
詹姆士一世
1603 – 1625

④　　　⑤

就這樣，來自蘭卡斯特家系的都鐸公爵亨利與約克家族的公主結婚，兩家結為親家後，「玫瑰戰爭」也終於劃下句點。

像這種長期對立的2個家族藉由聯姻來獲得安定的情況，無論東方或西方都很常見，例如日本戰國時代末期，西軍（豐臣陣營）與東軍（德川陣營）互相對立時，西軍領袖（豐臣秀賴）就與東軍領袖（家康）的孫女（千姬）結婚（＊01）。

期盼已久的兒子誕生（都鐸王朝第2代）

但是觀察家系圖就會發現，亨利七世並非蘭卡斯特家族的男系後代，而是「女系」後代，因此從亨利二世開始延續下來的男系王朝（金雀花王朝～蘭卡斯特王朝～約克王朝）終於在這裡宣告結束，開啟了新王朝「都鐸（Tudor）王朝」。

亨利七世的兒子亨利八世（E/F-3）確立了絕對王權，並推動宗教改革使「英國國教會」脫離舊教會（天主教會）獨立運作，是個將政治、社會與體制從中世紀轉換為近世的人物，不過令他在後世出名的原因還是眾多的「緋聞」吧。

亨利八世十分渴望擁有男嗣，因此只要結婚對象生了女兒，就會大罵「我不需要女腹（＊02）！」並且立刻離婚或處死對方，是個一生結了6次婚的男人。

第1任王后凱瑟琳（Catherine）因為生下女兒（瑪麗）而被迫離婚，這件事情還把教宗捲進來演變成宗教風波，第2任王后安妮・博林（Anne Boleyn）也因為生下女兒（伊莉莎白）而被處死。

至於第3任妻子珍・西摩（Jane Seymour）終於生下盼望已久的兒子（愛德華），但產後恢復不佳而去世。

第4任妻子（離婚）、第5任妻子（處死）與最後一任妻子（死別）

（＊01）如果當時秀賴與千姬生了兒子，或許就能讓這個兒子成為繼承人來解決紛爭，而之後也不會發生大坂之役了。

全都沒生孩子，因此亨利八世死後就由唯一的兒子愛德華六世（F/G-4）
繼位。

血腥瑪麗（都鐸王朝第4代）

不過，愛德華六世也英年早逝^{（＊03）}，而且並未留下子嗣，故由姊姊
瑪麗繼位。

她就是著名的「血腥瑪麗（Bloody Mary）」——「瑪麗一世（Mary
I）（F/G-2）」。

瑪麗一世的母親是舊教國西班牙的公主凱瑟琳，丈夫是西班牙王太子
菲利佩（Felipe）（F/G-1），她本身當然也是舊教徒。

因此，她毫不猶豫地摧毀亨利八世與愛德華六世這2代國王所建立的
「英國國教會」，並且大規模鎮壓敵對者，因而有「血腥瑪麗」之稱。

但是，在歷史洪流中逆行者都會遭「歷史女神」抹滅，無一例外。

順流則浮，逆流則溺

當時的時代已開始邁向「新的時代（近世）」，但瑪麗一世卻逆流而
行做出愚蠢的行為，不知是因為觸怒了「歷史女神」，還是受到遭她殺害
者的「詛咒」，她在位只有短短5年，才42歲就無嗣而崩，故由她的妹妹
繼位。

童貞女王（都鐸王朝第5代）

這個人正是有「童貞女王（The Virgin Queen）」之稱的伊莉莎白一
世（Elizabeth I）（F/G-3）。

之前菲利佩一直透過妻子瑪麗一世間接統治英國，失去瑪麗一世後，

（＊02）指「只會生女兒的女性」。

（＊03）得年15歲。

他怕自己再也無法控制英國，便向伊莉莎白求婚，結果她以一句非常有名的話拒絕了菲利佩。

——我已嫁給了國家。

拒絕菲利佩求婚的她，重建遭瑪麗一世摧毀的「英國國教會」，對內確立絕對主義，對外則擊敗當時的強國西班牙（＊04），奠定日後「海洋帝國」的基礎，並且開拓北美殖民地，成為一位名聞天下的女王，不過她終身未婚，因此同樣沒有子嗣。

都鐸王朝連續出現瑪麗一世與伊莉莎白一世這2位「女性國王」，但她們並非來自「女系」，故這時王朝尚未更迭。

不過，因為伊莉莎白一世沒有子嗣，最終還是立了「女系國王」。

斯圖亞特王朝
1603 – 1714

我從母親那裡得到蘇格蘭王位，又從外祖父的表妹那裡得到英格蘭王位！

英格蘭王位　　蘇格蘭王位

第1代
詹姆士一世
1603 – 1625

（＊04）當時的西班牙是世界一大強國，甚至有「西班牙一動，世界便膽顫心驚」、「在西班牙的領海，太陽永不落下」等說法。1588年，英國女王伊莉莎白一世派軍隊擊敗了「西班牙無敵艦隊（Spanish Armada）」，此即「西班牙無敵艦隊海戰（Armada Wars）」。

第1章 英國的系譜

第8幕

經歷2次革命……
斯圖亞特王朝

在英國的千年歷史當中只發生過2次革命，而且2次都發生在「斯圖亞特王朝」。上一個王朝不斷發生「新教與舊教」的宗教風波，到了這個王朝則變成「絕對主義君主與議會」的互相爭鬥。

清教徒革命

可惡～!

第2代
查理一世
1625－1649

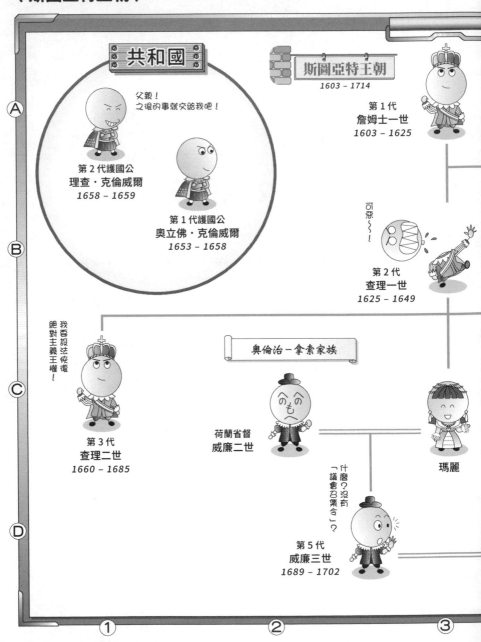

共和國

斯圖亞特王朝
1603 – 1714

第1代
詹姆士一世
1603 – 1625

父親！
之後的事就交給我吧！

第2代護國公
理查‧克倫威爾
1658 – 1659

第1代護國公
奧立佛‧克倫威爾
1653 – 1658

可惡～！

第2代
查理一世
1625 – 1649

我會設法恢復
絕對主義王權！

奧倫治－拿索家族

第3代
查理二世
1660 – 1685

荷蘭省督
威廉二世

瑪麗

什麼？沒有
「議會召集令」？

第5代
威廉三世
1689 – 1702

A B C D

1 2 3

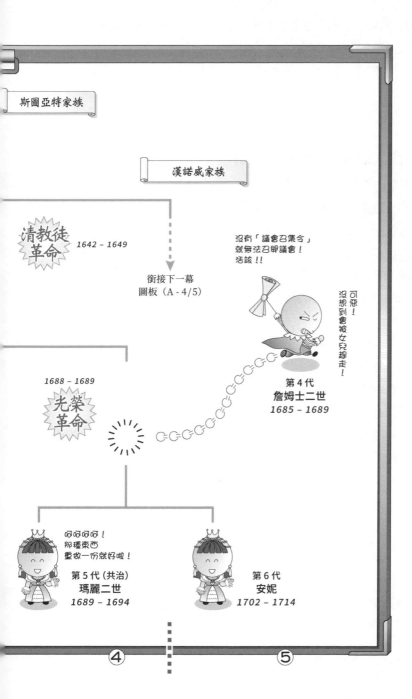

斯圖亞特家族

漢諾威家族

清教徒革命　*1642 – 1649*

衝接下一幕
圖板（A - 4/5）

沒有「議會召集令」
就無法召開議會！
活該！！

可恨！
沒想到會被女兒趕走！

第 4 代
詹姆士二世
1685 – 1689

1688 – 1689

光榮革命

吶吶吶吶！
那種東西
重做一份就好啦！

第 5 代（共治）
瑪麗二世
1689 – 1694

第 6 代
安妮
1702 – 1714

④　⑤

伊莉莎白一世既無子嗣也沒有弟妹，因此要從男系親屬中挑選出繼承人，然而男系也早就斷絕了。

所以，這次終於輪到女系國王登場，也就是要改朝換代了。

從伊莉莎白一世往上追溯，其父親的姊姊（瑪格麗特）嫁入蘇格蘭王室，故她的子孫蘇格蘭國王「詹姆士六世」雀屏中選。

君權神授說（斯圖亞特王朝第1代）

於是王朝更迭為「斯圖亞特（Stuart）王朝」。

蘇格蘭國王詹姆士六世就這樣成為了英王「詹姆士一世（James I）（上一幕H-5）」，他是伊莉莎白一世的表姪外孫（＊01），如果從家系圖來看的話，他是伊莉莎白之父（亨利八世）的姊姊（瑪格麗特）的孫女（瑪麗·斯圖亞特）所生的兒子（詹姆士）。

由於中間隔著女性（瑪麗·斯圖亞特），從斯圖亞特王朝的角度來看詹姆士六世是「女系國王」。

既然這樣，此時王朝應該更迭才對，但是王朝依然稱為「斯圖亞特王朝」，這是因為詹姆士六世的父親達恩利勳爵亨利（Henry Stuart, Lord Darnley）其實擁有斯圖亞特家族的血統（男系親屬）。

這個王朝正好處於「近世」到「近代」的過渡期，此外也是一個「想維持舊時代（近世體制）的保王派」與「想開拓新時代（近代體制）的議會派」對立，最終引爆「革命」的時代。

在長達1000多年的英國史上只發生過2次「革命」，而且這2次都發生在斯圖亞特王朝，即是出於這樣的歷史背景。

話說回來，已是蘇格蘭國王的詹姆士即位為英格蘭國王與愛爾蘭國王（＊02）後，這3個國家就成為「共主邦聯（＊03）」。

（＊01）自己的表兄弟的外孫。

（＊02）因為當時的英格蘭已征服了愛爾蘭。

（＊03）指共同擁戴同一位君主，但政府或議會等各自獨立的國家形態。此外，採取共主邦聯形態的王國稱為「聯合王國」，現在的英國正式國號為「大不列顛暨北愛爾蘭聯合王國」。

不過，詹姆士並不滿足於這個「共主邦聯」，接下來他又以伊莉莎白一世確立的絕對主義體制為基礎，並嘗試將這 3 個國家真正地合而為「一（＊04）」。

政治上他鼓吹「君權神授說」壓制議會，宗教上他只承認國教徒，即便同為基督教的教徒，舊教（天主教）就不用說了，連同樣信仰新教的清教徒也遭到徹底的鎮壓。

受不了鎮壓的清教徒為了尋求「清教徒的新天地」，因而紛紛前往美洲（＊05），他們被稱為「朝聖先輩（Pilgrim Fathers）」，為現在的美利堅合眾國奠定了基礎。

清教徒革命（斯圖亞特王朝第 2 代）

在詹姆士一世之後繼位的查理一世（Charles I）（B-3）承襲了父親的基本政策「國教主義下的絕對君主制」，導致保王派與議會派的對立再也無法修復而爆發革命。

那就是眾所周知的「清教徒革命（B-3/4）」。

不過，因為是 2 代國王對議會的壓制而引爆了這場革命，最後情況失控走向激進，議會派不只將國王查理一世斬首，還推翻君主制建立「共和國」。

君子中庸，小人反中庸（＊06）

目的地很遠時，人往往便會忍不住著急，而一急就必定會出現各種問題，最後導致前功盡棄。

（＊04）他的口號是「一位國王，一種信仰，一種法律，一個議會，一個國名，一面國旗」。

（＊05）這項行動史稱「清教徒出走（Puritan Exodus）」。

（＊06）出自子思《中庸》的「第 2 章第 1 節」。

序章　家系圖的基礎知識

第 1 章　英國的系譜

第 2 章　法國的系譜

第 3 章　神聖羅馬帝國的系譜

第 4 章　普奧的系譜

第 5 章　俄羅斯的系譜

第 6 章　丹挪希英的系譜

凡事應力求「中庸」，尤其改革「若是激進推動就不會有好結果」，這點歷史可以證明。

果不其然，將絕對君主（查理一世）斬首之後，接著就出現了獨裁者（理查‧克倫威爾）[*07]，國民對這種本末倒置的結果感到失望，因此不久斯圖亞特王朝就復辟，逃亡到法國的查理一世之子重返寶座，即位為「查理二世（C-1）」。

不過，正所謂「有其父必有其子」。

查理二世與他的弟弟（詹姆士二世）（B/C-5）都想恢復絕對君主制而與議會對立，因此英國再度需要「革命」。

這場革命就是「光榮革命（C-4）」。

光榮革命（斯圖亞特王朝第4代）

「下任國王一定要擁有自由主義思想！」

於是議會循著王室的血脈尋找人選，結果注意到當時的荷蘭省督。

其實，詹姆士二世有個姊姊叫做瑪麗（C-3），她嫁給了在荷蘭獨立戰爭中有功的奧倫治親王威廉一世之孫威廉二世（C-2）。

他們的兒子威廉三世（D-2/3）擁有自由主義思想，因此雀屏中選。

此外，他是新教徒，並且娶了詹姆士二世的女兒為妻子這兩點也為他加分。

就這樣，威廉夫妻接受英國議會的邀請，率領荷蘭軍來到英國。

從詹姆士二世的角度來看，自己等於是被嫁給外甥的愛女背叛了，火冒三丈的他準備迎擊荷蘭軍，但不僅關鍵的軍隊不服從他，各地還爆發叛亂，逼得詹姆士二世不得不逃到國外。

（＊07）同為資產階級革命的「法國大革命」也跟清教徒革命一樣演變成激進革命，民眾將絕對君主（路易十六）斬首之後，接著就出現了獨裁者（羅伯斯比、拿破崙），再次重蹈清教徒革命的覆轍。

盛世聚俊臣，亂世無柱石

人生走上坡時，當事人身邊往往會聚集許多人，他們就如「螞蟻看到糖」一般被當事人擁有的財力或權力吸引而來，可是一旦出了問題，這些人就會像「四散而逃的小蜘蛛」一般躲起來，所以他們無法成為「柱石」給予支援。

不過，當事人若有聲望就不一樣了。

到頭來一切還是「取決於聲望」。

臣子與軍方都放棄詹姆士二世，轉眼間他就被孤立而不得不逃亡，這項事實即反映出他缺乏聲望。此外，當時他還緊抓著「議會召集令」大吼大叫：

「別以為這樣就贏！！

沒有『議會召集令』，他們就無法召開議會！

活該！！」

但是，沒有「議會召集令」的話，只要再重做一份就好了。

從這件事也可窺知，詹姆士二世是多麼缺乏聲望且愚昧無知的國王。

如幻影般消失的一代王朝（斯圖亞特王朝第5代）

接著即位的就是「威廉三世」[＊08]。

由於他是來自奧倫治親王家系的「女系國王」，我很想說這是新王朝「奧倫治王朝[＊09]的開始」，但他也是查理一世的外孫[＊10]，而且又與妻子瑪麗二世「共治」，故這裡就繼續視為「斯圖亞特王朝」。

如果兩人生下孩子，並由這個孩子繼承王位，屆時就真的開啟了「奧倫治王朝」，可惜瑪麗二世在光榮革命結束5年後就駕崩了，享年32歲，

（＊08）基本上他是與血緣更濃的瑪麗二世「共治」，不過瑪麗二世比他早一步離世。

（＊09）「奧倫治」為英語「Orange」之音譯，荷蘭語則讀作「Oranje（奧蘭耶）」，為避免混亂，本書統一採用「奧倫治」這個譯名。

（＊10）即嫁到別人家的女兒所生的兒子。威廉三世是查理一世之女瑪麗的兒子。

序章　家系圖的基礎知識

第1章　英國的系譜

第2章　法國的系譜

第3章　神聖羅馬帝國的系譜

第4章　普奧的系譜

第5章　俄羅斯的系譜

第6章　丹挪希英的系譜

夫妻間並無子嗣，因此威廉三世死後便由瑪麗二世的妹妹安妮繼位。

　　雖然安妮多次懷孕（17次），但其中流產6次、死產6次，好不容易生下的5個孩子也全部夭折，因此她駕崩時同樣沒有繼承人。

　　至此斯圖亞特王朝終於斷絕，議會再度為了挑選國王而煞費苦心。

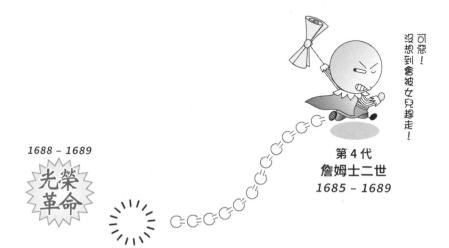

1688－1689

光榮
革命

第4代
詹姆士二世
1685－1689

可惡！
沒想到會被女兒趕走！

第9幕

首個德系王朝

漢諾威王朝

由於斯圖亞特王朝絕嗣，嫁到德意志的女系因而雀屏中選，由喬治一世繼位。這是英國史上第一個德系王朝，不同於其他王朝，漢諾威王朝的王位很穩定地父死子繼，不過到了維多利亞女王這一代終究還是斷絕，被薩克森－科堡－哥達王朝取而代之。

我是土生土長的德意志人！
議會在講什麼我都聽不懂，
好無聊！

第1代
喬治一世
1714 - 1727

〈 漢諾威王朝 〉

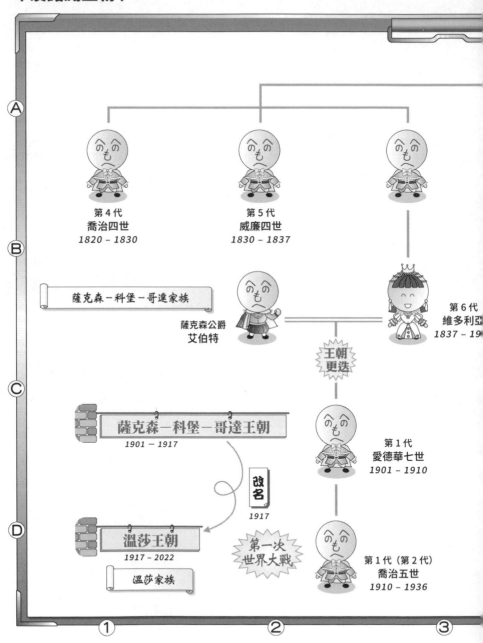

第4代
喬治四世
1820 – 1830

第5代
威廉四世
1830 – 1837

薩克森－科堡－哥達家族

薩克森公爵
艾伯特

第6代
維多利亞
1837 – 19

王朝
更迭

薩克森－科堡－哥達王朝
1901 – 1917

改名
1917

溫莎王朝
1917 – 2022

溫莎家族

第1代
愛德華七世
1901 – 1910

第一次
世界大戰

第1代（第2代）
喬治五世
1910 – 1936

A

B

C

D

① ② ③

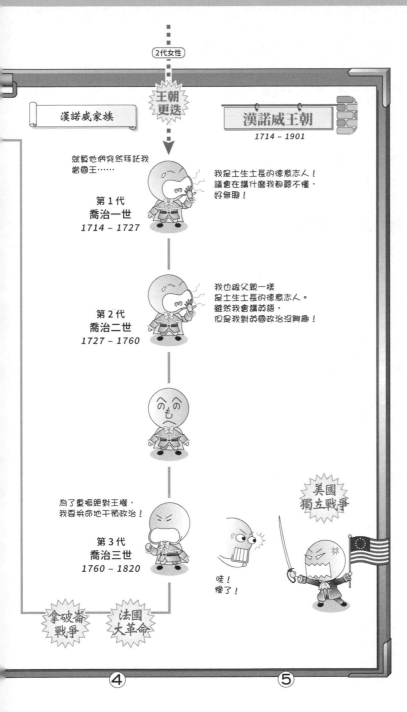

2代女性

漢諾威家族

王朝更迭

漢諾威王朝
1714 – 1901

就算他們突然拜託我當國王……

我是土生土長的德意志人！議會在講什麼我都聽不懂，好無聊！

第1代
喬治一世
1714 – 1727

我也跟父親一樣是土生土長的德意志人。雖然我會講英語，但是我對英國政治沒興趣！

第2代
喬治二世
1727 – 1760

為了重振絕對王權，我要拼命地干預政治！

第3代
喬治三世
1760 – 1820

哇！慘了！

美國獨立戰爭

拿破崙戰爭

法國大革命

④　　　　　⑤

安妮女王駕崩後，要選出下任國王並不容易。

因為這個人選必須是擁有「自由主義思想」的新教徒，而且還要與斯圖亞特王室有血緣關係，條件十分嚴苛。

至於最後雀屏中選的是，德意志貴族漢諾威選帝侯格奧爾格（Georg Ludwig, Kurfürst von Hannove）。

其實，斯圖亞特王朝末代君主安妮的祖父（查理一世）之姊嫁給了德意志貴族，格奧爾格就是她的外孫。

責任內閣制（漢諾威王朝第1代）

格奧爾格是安妮女王的6親等遠親（＊01），兩人幾乎就像是沒有關係的陌生人一樣，而且他還是由在德意志土生土長的雙親養大的「真正的德意志人」，當時54歲的他無論朋友或熟人全是德意志人，他連一句英語都不會講。

他被選上後就來到英國即位為喬治一世（George I），也學了英語，能夠聽懂隻言片語，但因為之前的英國王室基本上都是法系君主，他是第一位德系國王，故不受國民歡迎，而且聽得懂一點英語後，那些令人不悅的消息（＊02）也讓他感到不自在，此外重要的議會所用的英語很艱澀，他幾乎都聽不懂，喬治一世本人也對英國政治沒什麼興趣，因此就算出席議會也都在打瞌睡。

由於「出席議會很無聊」、「待在宮廷裡很不自在」，他始終無法融入這裡。

不久他就在思鄉之情的驅使下經常返回德意志，議會必須在國王不在期間進行審議的議題因而變多，這種情況也令議會大傷腦筋。

（＊01）稱謂為「表表兄」。

（＊02）有關喬治一世的壞話。

名因地而異，制因時而變

不過，世間的萬事萬物實在奇妙，一旦狀況變得不同，自然就會產生適合該狀況的新體系。

當時也是為了因應「國王不出席議會」的狀況，而產生「由內閣負起政治責任」的體系。

這種體系稱為「責任內閣制」，後來流傳到全世界，也為現代日本帶來影響。

美國獨立革命（漢諾威王朝第3代）

下一任的喬治二世也同樣不關心英國政治，因此「責任內閣制」逐漸確立下來，不再是暫時性的制度，但接著繼位的喬治三世卻企圖推翻已確立的責任內閣制，打算重建「絕對君主制」。

然而當時已發生「遊戲規則的改變（＊03）」，英國不僅結束資產階級革命、進入工業革命，時代也從「近世」邁入「近代」。

拿日本來比喻的話，這種行為就跟「進入明治時代（近代）後大家都在接收西方文明，卻有人想要恢復陳腐的幕藩體制（近世）」一樣愚蠢，光看這一點即可窺知他是多麼無能的執政者。

喬治三世接連實施過時的政策，引發議會及各方人士的反彈，導致他必須對抗這些考驗與苦難才行，其中之一就是「美國獨立革命」。

順帶一提，閱覽當時發表的《獨立宣言》便會發現，內容幾乎都是在譴責喬治三世的無能。

美國獨立之後，接著又發生了法國大革命與拿破崙戰爭，擺脫不了苦難日子的他最後一事無成，晚年精神異常，就這麼死去。

（＊03）Game Change。這種現象是指原有的規則、制度、價值觀等，因時代急劇變動而不再管用，全部轉變成新時代的新規則、新制度與新價值觀。詳細介紹請參考拙著《ゲームチェンジの世界史（改變遊戲規則的世界史）》（暫譯，日本經濟新聞出版）。

序章　家系圖的基礎知識

第1章　英國的系譜

第2章　法國的系譜

第3章　神聖羅馬帝國的系譜

第4章　普奧的系譜

第5章　俄羅斯的系譜

第6章　丹挪希英的系譜

維多利亞時代（漢諾威王朝第6代）

此外，喬治三世的孩子們都沒有留下合法繼承人，無論是下一代的喬治四世（Ａ/Ｂ-1），還是再下一代的威廉四世（Ａ/Ｂ-2）都沒有婚生子嗣存活下來，到了女王維多利亞（Victoria）（Ｂ/Ｃ-3）這代，男系終於完全斷絕。

維多利亞女王可以說是象徵「帝國主義時代」的英王，她在迪斯雷利（Benjamin Disraeli）首相的輔佐下統治長達64年（＊04），這一代在英國千年歷史中也是一個鼎盛的時代。

雖然因為祖父（喬治三世）失政而失去美國，不過她在位期間完全殖民印度，建立「印度帝國」並成為第1代女皇，後世將她的統治時期稱為「維多利亞時代」。

愛德華時代（薩克森－科堡－哥達王朝）

不過，歲月不饒人，她駕崩後由兒子愛德華繼位。由於他是「女系國王」，王朝就在這一代更迭。

一旦翻越頂峰，之後都是下坡了

「維多利亞時代」是鼎盛期，反過來說「接下來就是走下坡了」。

由於母親的統治時期稱為「維多利亞時代」，愛德華的統治時期又稱為「愛德華時代」。本來英國從大約1000年前（829年）埃格伯特統一天下以後一直都是走上坡，到了這個時代終於面臨轉換期，開始進入「衰退期」。

因為維多利亞女王嫁給了薩克森－科堡－哥達家族的薩克森公爵艾伯

（＊04）在2022年伊莉莎白二世打破紀錄（70年）之前，維多利亞是英國史上在位最久的君主（64年）。順帶一提，在金氏世界紀錄中，全球在位最久的君主是路易十四（72年）。

特（Albert）（B/C-2），新王朝便因而改稱為「薩克森－科堡－哥達王朝^{（＊05）}」，而第1代國王就是愛德華七世（C/D-2/3）。

但是，不知該不該說可惜，這個王朝名號並不廣為人知。

我們在前面學過，在學術觀點上是「正式的王朝」，但大部分的人都不認識的王朝均為「一代王朝」，不過這次卻不是這種情況，薩克森－科堡－哥達王朝是長達120年以上、延續了5代的王朝。

既然如此，為什麼這個王朝名號會鮮為人知呢？

其實，這是因為這個王朝在下一代國王喬治五世（D-2/3）的時代改名了。

第一次世界大戰（溫莎王朝第1代）

事實上，喬治五世在位期間爆發了「第一次世界大戰」，當時英國與德國是敵對關係。

今後必須跟德國交戰才行，如果王朝名號使用德國的家名，國民也很難為國奮戰。

因此，英國王室在1917年將家名改為「溫莎家族^{（＊06）}」，王朝名號則改為「溫莎王朝」。

話說回來，歷史學上存在著「本質沒變但名字變了」，以及「本質變了但名字一樣」這兩種狀況。

遇到這種狀況時，如果本質沒變就會用一樣的名字稱呼，如果本質變了就會另外取一個名字。

舉例來說，「羅馬帝國」起自西元前27年，迄於西元395年，延續了約400年，但實際一看卻發現，羅馬帝國前期與後期的本質截然不同。

歷史學家不喜歡使用同一個名稱稱呼本質不同的事物，所以將前期的

（＊05）德語稱之為Haus Sachsen-Coburg und Gotha，英語稱之為House of Saxe Coburg and Gotha，本書則統一使用「薩克森－科堡－哥達王朝」這個約定俗成的譯名。順帶一提，最後一章會詳細介紹這個家系。

（＊06）取自當時作為王宮的「溫莎城堡」。

序章　家系圖的基礎知識

第1章　英國的系譜

第2章　法國的系譜

第3章　神聖羅馬帝國的系譜

第4章　普奧的系譜

第5章　俄羅斯的系譜

第6章　丹挪希英的系譜

300年命名為「元首制（Principate）時期」，後期的100年命名為「主宰制（Dominate）時期」。

再舉一個相反的例子，中國在1915年發行《青年雜誌》，不過翌年1916年就改名為《新青年》。

雖然雜誌名稱不同，但雜誌內容卻沒什麼改變。

這種時候，通常會採取「改名前也統一以改名後的名稱來稱呼」這種做法。

翻閱歷史類書籍，有時會看到「1915年，《新青年》發行」這樣的記述，嚴格來說這是錯誤的，但按照慣例來看，這麼寫並沒有錯。

言歸正傳。

就是因為這個緣故，儘管「薩克森－科堡－哥達王朝」才經過16年就改名為「溫莎王朝」，但因為王朝並未更迭，許多相關書籍才會一開始就以「溫莎王朝」來稱呼薩克森－科堡－哥達王朝。

第10幕

改了2次名號的王朝

溫莎王朝

從德式的「薩克森－科堡－哥達王朝」之後，英國本想帶著新氣象重新出發，然而接下來的路卻充滿了苦難。外有2場世界大戰，內則接連發生繼承問題。愛德華八世放棄王位，戰後男系終於中斷而立女王。面對王朝斷絕的危機，她採取的手段是……!?

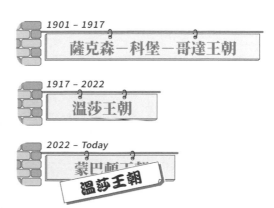

1901－1917
薩克森－科堡－哥達王朝

1917－2022
溫莎王朝

2022－Today
蒙巴頓王朝
溫莎王朝

〈 溫莎王朝 〉

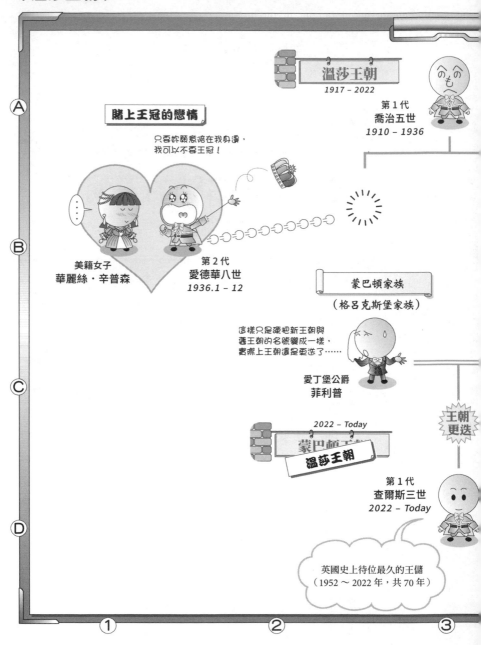

溫莎王朝
1917 – 2022

第 1 代
喬治五世
1910 – 1936

賭上王冠的戀情

只要妳願意留在我身邊，
我可以不要王冠！

美籍女子
華麗絲・辛普森

第 2 代
愛德華八世
1936.1 – 12

蒙巴頓家族

（格呂克斯堡家族）

這樣只是硬把新王朝與
舊王朝的名號變成一樣，
實際上王朝還是更迭了……

愛丁堡公爵
菲利普

2022 – Today
蒙巴頓王朝
溫莎王朝

王朝
更迭

第 1 代
查爾斯三世
2022 – Today

英國史上待位最久的王儲
（1952～2022 年，共 70 年）

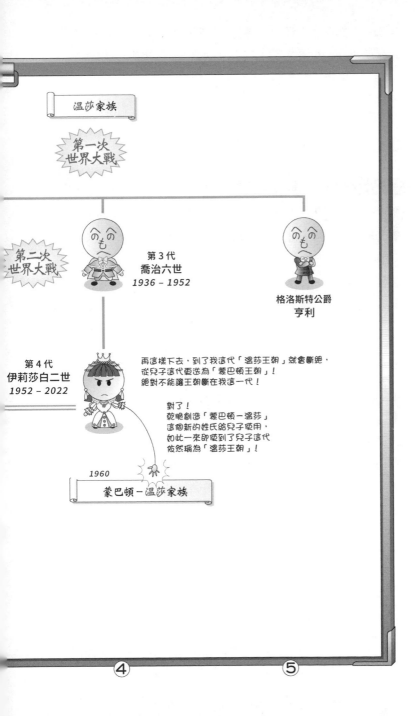

就這樣，英國終於開啟了「溫莎王朝」，這是一個跨越「動盪的20世紀」，經歷過第一次世界大戰、第二次世界大戰與戰後冷戰時期的王朝。

這個王朝不僅跨越動盪的時代，王朝本身也可以算是一個「動盪的王朝」吧。

以下就來看看這個王朝發生了哪些事。

「賭上王冠的戀情」（溫莎王朝第2代）

溫莎王朝第1代國王^{（＊01）}喬治五世（A-3）是在1936年駕崩，希特勒執行「萊茵蘭再軍事化（Rheinlandbesetzung）」也是在「1936年」，這一年確實是「情勢緊急」且重要的一年。

之後整體世界局勢一下子就變得詭譎緊張，並迅速發展成「第二次世界大戰」，喬治五世的儲君「愛德華八世（B-1/2）」就在動盪的這一年即位。

他是喬治五世的長子，長相英俊又善於社交，而且很受國民愛戴，因此可以說是「合適的繼承人」，然而他有個令人擔憂的問題：早在登基的3年前，他就與離過婚的美籍人妻華麗絲・辛普森（Wallis Simpson）開始交往。

如果是王太子時代倒也罷了，正式加冕、即位為「愛德華八世」後，眾人都期待他在日益惡化的國際情勢中，能有「身為國王的自覺」結束這段不倫戀，然而他卻違背周遭的期待，只想跟華麗絲結婚，甚至當眾威脅她的丈夫「快點離婚！」並且對他暴力相向，一再做出國王不該有的脫序言行。

愛德華八世不僅完全沒有「身為國王的自覺」，還一再做出損害威信

（＊01）溫莎王朝的代數（「第〇代」的數字），會因為有無包含薩克森－科堡－哥達王朝（愛德華七世）而相差1代，以下所寫的代數為不包含的算法。

（＊02）理察・德里斯科爾（Richard Driscoll）博士的研究論文指出，戀情遭遇阻礙會使人愛得更火熱，是因為「大腦誤把面對戀情阻礙的『鬥志』當成『戀愛引發的興奮狀態』」。

的舉動，而且英國國教會本來就禁止離婚，身為英國國教會首長的國王居然想打破規定，實在很離譜。

阻礙是愛情的助燃劑

於是，宮廷、政府、國民都對愛德華八世失望透頂，但無論周遭的人如何譴責他、說服他、孤立他，不，正因為如此，這段戀情反而越燒越旺（＊02），最後他終於下定決心放棄「王冠」。

就這樣，在位才短短11個月，愛德華八世就走下寶座（＊03），在英國歷史上留下「在位時間最短的國王」這個不光榮的紀錄。

第二次世界大戰（溫莎王朝第3代）

於是寶座就落到弟弟（喬治）身上。

他正是第二次世界大戰期間的英王「喬治六世（B-4）」。

賭上王冠的戀情

只要妳願意陪在我身邊，
我可以不要王冠！

美籍女子
華麗絲・辛普森

第2代
愛德華八世
1936.1 – 12

（＊03）當時「賭上王冠的戀情」鬧得轟轟烈烈，兩人不顧周遭的反對堅持結婚，但據說晚年夫妻關係降到了冰點。

序章　家系圖的基礎知識

第1章　英國的系譜

第2章　法國的系譜

第3章　神聖羅馬帝國的系譜

第4章　普奧的系譜

第5章　俄羅斯的系譜

第6章　丹挪希英的系譜

但是，他天生內向又體弱多病（＊04），擔心「要在這個動盪時代扛起領導國家的重責大任，我的身體可能會撐不住」。

　　於是，登基之後他就在思考繼承問題，但當時他只有女兒（伊莉莎白（＊05）），故本來應該由弟弟格洛斯特公爵亨利（Prince Henry, Duke of Gloucester）（B-5）繼承王位。

　　畢竟格洛斯特公爵有男嗣，若要讓王朝存續，格洛斯特公爵是比較適合的人選。

　　可是，喬治六世很疼自己的孩子，於是他向弟弟提出請求。

　　「亨利，要是我有個『萬一』，希望你能讓我年幼的愛女繼位，並且輔佐她。」

　　大部分的人都渴望王位，故通常會拒絕這種請求，但格洛斯特公爵本來就很內向，不喜歡拋頭露面，因此他對寶座沒興趣，便欣然答應了喬治六世。

　　於是，伊莉莎白就成了第一順位的王位繼承人。

英國史上在位最久的君主（溫莎王朝第4代）

　　1952年，英王喬治六世駕崩，他的女兒隨即即位為「伊莉莎白二世（C-4）」。

　　在此前的「英國千年歷史」當中，只出現過5位女王（＊06），分別是「瑪麗一世」、「伊莉莎白一世」、「瑪麗二世」、「安妮」以及「維多利亞」，撇開瑪麗一世不談的話，大部分女王的在位時間都偏長，而且統治時期都是英國歷史上的安定期或繁榮期，這樣看來女王登基在英國可說是「好兆頭」。

（＊04）腸胃尤其不好，有慢性胃炎與十二指腸潰瘍等疾病，還動過手術。

（＊05）當時才9歲。

（＊06）其實還有「瑪蒂爾達」與「珍‧葛雷（Jane Grey）」，但她們是對立君主，並未掌握王權，此外珍‧葛雷加冕後只在位短短9天，瑪蒂爾達甚至沒有獲得加冕，因此通常不將她們算為「女王」。

序章　家系圖的基礎知識

第 1 章　英國的系譜

第 2 章　法國的系譜

第 3 章　神聖羅馬帝國的系譜

第 4 章　普奧的系譜

第 5 章　俄羅斯的系譜

第 6 章　丹挪希英的系譜

換作中國，若出現女皇或垂簾聽政（＊07）等女性插手政治的情況，國家很快就會衰落，跟英國形成對比。

女子不可管轄男子

這是《新約聖經》（提摩太前書2:12）的其中一句話，不過這句經文似乎不適用於英國這個基督教國家，反而適用於中國這個異教國家。

證據就是，伊莉莎白二世的在位時間不僅超過上一位在位最久的英王維多利亞（＊08），在世界史上也是在位第二久的君主，僅次於法王路易十四（＊09），而且她在位期間，國家也沒出現大禍。

修改新王朝的名號

言歸正傳，伊莉莎白二世登基時已有 4 歲的兒子查爾斯，將來這個孩子繼位的話就是「女系國王」，於是英國就會「改朝換代」。

他的父親是蒙巴頓家族的愛丁堡公爵菲利普（Prince Philip, Duke of Edinburgh）（C-2/3），因此新王朝的名號會是「蒙巴頓（Mountbatten）王朝（＊10）」吧。

當時這件事動不動就被拿出來討論，蒙巴頓家族的成員在接受媒體採訪時還得意地表示：「我們家族終於出了一個王室成員！」

伊莉莎白二世本身可能也覺得「因為我是女人，王朝才會斷在我這一代」，而對王朝斷絕一事感到內疚，再加上蒙巴頓家族成員的無心之言讓她聽了很不高興，於是才會決定採取因應措施。

（＊07）皇后或皇太后把皇帝當成傀儡，自己掌握實權把持朝政。

（＊08）伊莉莎白二世在位「70年」，維多利亞女王則是「64年」。

（＊09）路易十四在位「72年」，目前是全球在位時間第一久的君主。有時也能見到把埃及法老佩皮二世（Pepi II）（94年）與高句麗長壽王（79年）等人排在路易十四之前的紀錄，但他們都是在位時間無法考證的君主，故在歷史學上並未將他們列入排名。

（＊10）更嚴格地說，應該稱為「格拉克斯堡王朝（或稱格呂克斯堡王朝）」，不過這裡就先不詳細說明了。

本來她的兒子查爾斯使用的是父親的家名「蒙巴頓家族」，不過伊莉莎白二世在1960年發布「樞密院令」，將父方與母方的家名結合起來創立「蒙巴頓－溫莎家族」，給兒子當作家名，並以查爾斯是「蒙巴頓－溫莎家族的人」為由，將新王朝的名號定為「溫莎王朝」。

口是禍之門，舌是斬身刀

要不是蒙巴頓勳爵太多嘴，「蒙巴頓王朝」或許就會誕生，結果因為「口舌」惹禍，使得這個名號從歷史上消失。

新王朝誕生（「新」溫莎王朝第1代）

之後過了62年。

如果從登基為英國女王算起則是過了70年，伊莉莎白二世終於離開人世，她的長子順理成章地即位為「查爾斯三世（Charles III，或譯為查理三世）[*11]」。

他是「女系國王」，故英國要「改朝換代」。

但是如同前述，法律已規定這次誕生的新王朝名號為「溫莎王朝」，因此之後也繼續稱為「溫莎王朝」。

不過這卻讓許多人誤會了[*12]。

由於查爾斯三世登基後仍舊稱為「溫莎王朝」，不熟悉歷史的人才會誤以為「王朝並未更迭」，而且這個誤解還流傳開來。

結果導致不少日本人都有這樣的疑惑：「在英國就算女系國王即位，王朝也不會更迭，為什麼在日本卻有人說『不能立女系天皇，否則王朝就會更迭』呢？」

千萬別誤會了，這次英國確實「改朝換代」了。

（*11）他也是英國千年歷史中「待位時間最長的王儲」。

　　只不過英國透過法律，硬是將王朝更迭前後的「舊王朝名號」與「新王朝名號」定為相同的名稱，以這種強硬的手法讓新王朝成立後仍使用相同的名稱，藉此製造「假象」。

　　雖然在法律上採用相同的王朝名號，但實際上兩者的確是「不同的王朝」。

　　這就好比日本的歌舞伎或落語等傳統藝能界有「襲名」文化，就算襲用「市川團十郎」、「桂米朝」之類的名字，「第 1 代」與「第 2 代」也不是同一個人。

　　前面提到「歷史用語常有『內容不同但名字相同』的情況」，這次就是典型的例子，遇到這種情況時歷史學家大多會取「別名」，說不定之後

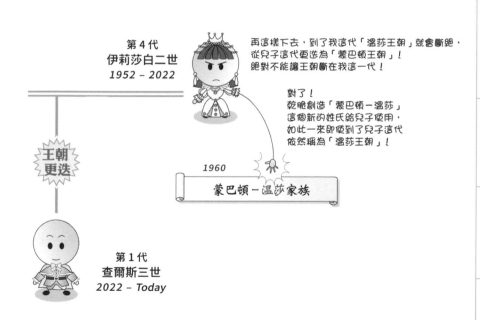

第 4 代
伊莉莎白二世
1952 – 2022

王朝更迭

第 1 代
查爾斯三世
2022 – Today

再這樣下去，到了我這代「溫莎王朝」就會斷絕，從兒子這代更迭為「蒙巴頓王朝」！絕對不能讓王朝斷在我這一代！

對了！乾脆創造「蒙巴頓－溫莎」這個新的姓氏給兒子使用，如此一來即使到了兒子這代依然稱為「溫莎王朝」！

1960
蒙巴頓－溫莎家族

（＊12）這是一種「要讓大眾產生這種『誤會』的政治宣傳」，所以大眾如此誤解，其實就達成王室的「目的」了。

這個王朝就會有「新溫莎王朝」之類的「別名」。

　　總之，藉由「改名」而誕生的溫莎王朝，就這樣透過「改名」來達成「表面上的延續」。

斷斷續續的血統

　　本章以家系圖觀點，俯瞰英國從建國到現代的歷史。

　　這樣一看會發現，在英國統一天下後的1000餘年期間，王室的血脈從第1代的埃格伯特一直延續到現在的查爾斯三世（＊13）。

　　不過，這段期間立過十幾次的「女系國王」導致男系中斷，所以英國王室並非「一系（單一家系）」。

　　反觀日本天皇家則是「萬世一系（＊13）」，從2000多年前的神話時代開始就一直由男系傳承至今，而這就是英國王室與日本天皇家之間的決定性差異。

（＊13）這裡不考慮「因皇后外遇而導致王室斷絕」之類的情況。因為對王位繼承而言，重要的不是「客觀事實」，而是「大家都這麼相信的事實」。

第2章 法國的系譜

第1幕

「卡佩奇蹟」
卡佩王朝（父死子繼時期）

跟不斷改朝換代的英國相反，法國最早誕生的王朝「卡佩王朝」至今已經延續了1000多年，而且從來不曾斷絕過，更被稱為「卡佩奇蹟」。可是，為什麼一般書籍都會將王朝分成「瓦盧瓦王朝」、「波旁王朝」等王朝，彷彿法國改朝換代過呢？

我可是卡佩王朝最偉大、明君中的明君，趁王朝面臨存亡危機時，將法蘭西發展成最強大的國家！

卡佩王朝 第7代
腓力二世
（尊嚴王）
1180－1223

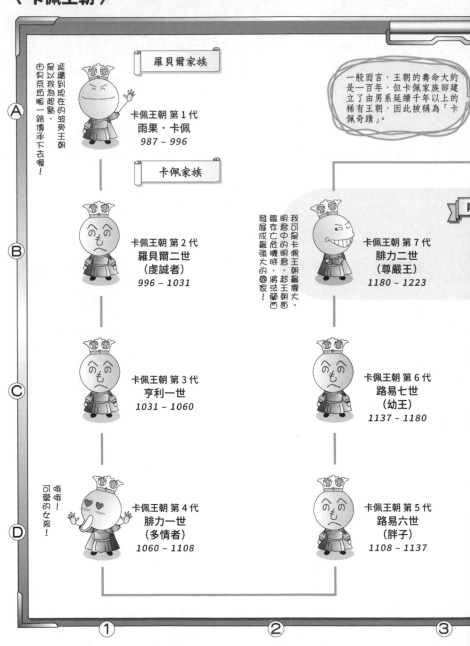

〈 卡佩王朝 〉

羅貝爾家族

卡佩王朝 第 1 代
雨果・卡佩
987 – 996

卡佩家族

一般而言，王朝的壽命大約是一百年，但卡佩家族卻建立了由男系延續千年以上的稀有王朝，因此被稱為「卡佩奇蹟」。

卡佩王朝 第 2 代
羅貝爾二世
（虔誠者）
996 – 1031

卡佩王朝 第 7 代
腓力二世
（尊嚴王）
1180 – 1223

卡佩王朝 第 3 代
亨利一世
1031 – 1060

卡佩王朝 第 6 代
路易七世
（幼王）
1137 – 1180

卡佩王朝 第 4 代
腓力一世
（多情者）
1060 – 1108

卡佩王朝 第 5 代
路易六世
（胖子）
1108 – 1137

延續到現在的波旁王朝是以我為起點，由與京匝脈一路傳承下去的喔！

我可是卡佩王朝最偉大、明君中的明君，臨存亡危機時，將法藍西發展成最強大的國家！

哦哦！可愛的女孩！

阿

A

B

C

D

①

②

③

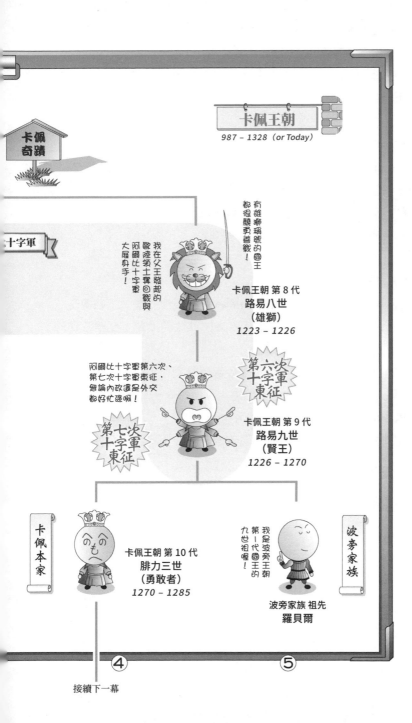

卡佩
奇蹟

卡佩王朝

987 – 1328（or Today）

十字軍

有雄獅稱號的國王
都很驍勇善戰！

我在父王發起的
歐陸領土奪回戰與
阿爾比十字軍
大展身手！

卡佩王朝 第 8 代
路易八世
（雄獅）
1223 – 1226

阿爾比十字軍第六次、
第七次十字軍東征，
無論內政還是外交
都好忙碌啊！

第六次
十字軍
東征

第七次
十字軍
東征

卡佩王朝 第 9 代
路易九世
（賢王）
1226 – 1270

卡佩本家

卡佩王朝 第 10 代
腓力三世
（勇敢者）
1270 – 1285

我是波旁王朝
第一代國王的
九世祖喔！

波旁家族

波旁家族 祖先
羅貝爾

④

⑤

接續下一幕

接下來我們繼續透過家系圖，俯瞰與英國隔海相望的鄰國——「永遠的對手」法國的歷史。

英國的王朝至今經歷過十幾次的更迭（次數因算法而異），那麼經常被拿來跟英國比較的法國，自卡佩王朝成立以來改朝換代過幾次呢？

是跟英國一樣，都是十幾次嗎？

還是大約一半，6～7次呢？

如果你還記得學生時代學過的東西，也許會很得意地這麼回答：

——哎呀，這種問題我當然知道。

答案不就是卡佩王朝、瓦盧瓦王朝、波旁（Bourbon）王朝、奧爾良（Orléans）王朝，總共更迭3次嗎？

答錯了。

正確答案其實是「0次」。

法國首個王朝「卡佩王朝」誕生的時間，跟英國建立統一王朝的時間差不多，但此後的1000年期間，英國三不五時就改朝換代，反觀法國的王朝一次都不曾更迭過。

但是，無論教科書還是其他書籍，確實都會看到「卡佩王朝→瓦盧瓦王朝→波旁王朝→奧爾良王朝」這樣的記述，寫得好像王朝更迭過似的。

這是怎麼回事呢？

本章就帶領大家透過家系圖俯瞰法國的歷史，並談談為什麼會出現這種情況。

法蘭西王國成立之前

最早統治歐洲的「帝國」，就是人類史上唯一將地中海化為「我們的海」的「羅馬帝國」。

不過，凡事都要講求「適度」，並不是「大就好」。

（＊01）雖說是「分裂」，但兩者仍舊保有「一個帝國」的意識。

貪心的蛇張裂嘴，
貪心的熊鷹扯裂腿

　　羅馬帝國與其說是「亡於外敵（日耳曼）」，不如說是「自己再也支撐不住變得過於龐大的巨軀而自動瓦解」還比較接近實際情況，於是羅馬帝國在395年「分裂（＊01）」成東西兩個政權。

　　「帝國的東半部（通稱「東羅馬帝國」）」後來繼續存續了1000多年（＊02），但「西半部（通稱「西羅馬帝國」）」維持不到100年就瓦解，之後這塊土地就暫時陷入地方政權林立的狀態。

查理大帝加冕

　　而在這猶如戰國時代的動盪亂世中脫穎而出、再度成功地統一西羅馬帝國大部分舊領土的正是「法蘭克王國（Royaumes francs）卡洛林王朝（Carolingiens）」。

　　順帶一提，當平定長期戰亂的人出現時，該國的「權威人士」通常會賜予這個人某種稱號。

　　舉例來說，在歐洲，屋大維（Octavianus）成功平定持續一個世紀的「羅馬共和國的危機」之後，元老院就授予他「奧古斯都（Augustus，神聖、至尊之意）」的稱號；在伊斯蘭世界，布維西（Buyid）王朝解決阿拔斯（Abbasid）王朝東部的混亂之後，獲得哈里發（譯註：Caliph，伊斯蘭教宗教與世俗的最高統治者）授予「大總督（Amir al-umara，或譯為眾埃米爾之埃米爾）」的稱號，接下來的塞爾柱（Seljuk）王朝則是獲得「蘇丹（Sultan，統治者之意）」的稱號；在中國三國時期的動亂中，關羽曾受封為「漢壽亭侯」；在日本，豐臣秀吉平定戰國亂世，天皇授予他最高官職「關白」。以上這些例子的共同點就是：「獲得的是該國權威人士授予的、無實權的

（＊02）不過，把東地中海歸為「我們的海」的期間只有200餘年，之後東羅馬帝國就化為只占巴爾幹半島與安納托力亞半島一角的地方政權。

序章　家系圖的基礎知識

第1章　英國的系譜

第2章　法國的系譜

第3章　神聖羅馬帝國的系譜

第4章　普奧的系譜

第5章　俄羅斯的系譜

第6章　丹挪希英的系譜

榮譽稱號」。

查理大帝（Charlemagne）的例子也一樣，他因功績而受羅馬教宗利奧三世（Leo III）加冕為「西羅馬帝國皇帝」[＊03]，這件事十分有名，但西羅馬帝國早已滅亡許久，故這也是個不具實權的頭銜。

不過，對「突然竄起的人」而言，「受到該國權威人士的肯定」這一事實比有無實權更加重要，因此都會很感激地接受。

雖然擁有「西羅馬帝國皇帝」頭銜而具備古代權威，不過要維持這個巨大的帝國還是非常困難，而法蘭克王國也在他加冕後不到半個世紀就解體，之後誕生的國家即是現在的德、法、義三國的原型[＊04]。

不消說，此時誕生的3個國家一開始都是「卡洛林王朝」，但之後義大利（875年）、德意志（911年）、法蘭西（987年）的王室血統依序斷絕，紛紛改朝換代。

西法蘭克王國的末代國王（路易五世）沒有留下子嗣，因此就跟前面看過的例子一樣，這時要從男系親屬尋找繼承人。

路易五世（Louis V le Fainéant）有個叔叔[＊05]，照理說應該由他繼位才對。

法國首個王朝（卡佩王朝第1代）

然而，現實卻不是如此。

實際上，路易五世的叔叔查理（Charles II le Chauve）與先王洛泰爾（Lothaire I，路易五世的父親／查理的兄長）對立，還把外國軍隊引入國內發動戰爭，所以被諸侯貼上「不適合當國王」的標籤。

最後雀屏中選的是，羅貝爾家族[＊06]的巴黎伯爵雨果·卡佩（Hugues Capet）（A-1）。

（＊03）即800年12月25日的「查理大帝加冕」。於是，查理大帝以後的歷代法蘭克國王都同時兼任「西羅馬帝國皇帝」。

（＊04）分別是東法蘭克王國、西法蘭克王國、中法蘭克王國。而中法蘭克王國又稱為「南法蘭克王國」、「義大利王國」、「洛泰爾王國」等等。

序章 家系圖的基礎知識

第 1 章 英國的系譜

第 2 章 法國的系譜

第 3 章 神聖羅馬帝國的系譜

第 4 章 普奧的系譜

第 5 章 俄羅斯的系譜

第 6 章 丹挪希英的系譜

羅貝爾家族到祖父這代為止都是大諸侯，還曾出過好幾位西法蘭克國王，但自從雨果・卡佩繼承家主之位後，這個家族一下子就沒落了，此時已變成只統治巴黎與周邊地區的弱小伯爵。

不過，畢竟不久之前還是國王輩出的家族，家世自然是好得沒話說，但如今勢力單薄，而且家主（雨果）無能，因此對諸侯們來說，這樣反而對自己比較有利[＊07]。

卡佩奇蹟（第2～6代）

沒想到接下來，卡佩家就開始發揮真本事了。

一般而言，一個王朝的平均壽命大概是100年。

看完上一章的英國歷代王朝就會發現，只維持1代、2代就絕滅的情況並不罕見，存續200年以上的王朝反而寥寥可數。

英國歷史上只有「盎格魯－撒克遜王朝」與「金雀花王朝」超過200年，其餘大部分都維持不到100年，男系就斷絕。

反觀卡佩王朝在此後的1000多年都是男系王朝，並且一直傳承到現在，這是相當罕見的事，因此又被稱為「卡佩奇蹟（A-3）」。

順帶一提，以家系圖觀點俯瞰並學習歷史便會發現，王位繼承與國家的盛衰榮枯大多有因果關係。

一波才動萬波隨

將小石子丟入平靜的湖面中央，就會形成波紋並擴散到整片湖面，同理，宮廷的紛亂不會止於中央，通常會動搖整個國家[＊08]。

舉例來說，當王位一直是直系的「父死子繼」時，宮廷大多很安定，

（＊05）路易五世之父（洛泰爾國王）的弟弟（查理）。

（＊06）從雨果・卡佩這代開始，羅貝爾家族（Robertiens）就改稱為「卡佩家族（Capétiens）」。

（＊07）因為對諸侯們而言，只要王權一弱，自己就可以為所欲為。

國家的情勢也很穩定，但當王位接連傳給弟弟、姪子、堂兄弟、再從兄弟等親等較遠的人時，通常宮廷會陷入紛亂，國家也會衰退，而王室本身不久就會絕嗣。

　　瞭解這點後再來看卡佩王朝的家系圖就會發現，在雨果・卡佩之後，王位一直是「父死子繼」，而且居然一路傳到了第13代。

　　因此，王朝剛成立時不過是弱小伯爵的卡佩家族，在這之後便腳踏實地穩定地累積實力，到了第7代國王腓力二世（Philippe II Auguste）（B-2/3）時更將英王約翰的歐陸領土全部搶回來，建立強大的王權。

「法蘭西首位明君」（卡佩王朝第7代）

　　腓力二世從約翰那裡搶回歐陸領土的經過已在英國史一章介紹過，這裡就省略不談了，總之因為成功將英格蘭趕出歐陸，法蘭西隨即躍升為歐洲數一數二的強國。

　　不光是外交，腓力二世也投注心力在內政上，他不僅被譽為「法蘭西首位明君」，還被封為「尊嚴王（奧古斯都）」，這也是羅馬帝國第1代皇帝的稱號。

　　但是，接下來卻換南法諸侯阻擋在腓力二世面前。

　　之前南法諸侯在經濟上與英格蘭關係深厚，在政治上則是親近亞拉岡王國（Reino de Aragón）（＊09），因此他們群起反抗實力迅速增強的卡佩王朝。

　　這些諸侯與勢力擴張到當時地中海南岸一帶的基督教異端「卡特里派（Catharism）（＊10）」聯手對抗王權，因此腓力二世取得當時的羅馬教宗依諾增爵三世（Innocentius III）「批准」，以「十字軍」的名義派出討伐隊前去「討伐異端」。

　　這就是著名的「阿爾比十字軍（B-3/4）」。

（＊08）反之亦然，有時社會不安也會引發繼承問題。

（＊09）勢力遍及庇里牛斯山南麓一帶，日後成為西班牙王國主體之一的國家。

序章 家系圖的基礎知識

第 1 章 英國的系譜

第 2 章 法國的系譜

第 3 章 神聖羅馬帝國的系譜

第 4 章 普奧的系譜

第 5 章 俄羅斯的系譜

第 6 章 丹挪希英的系譜

最後的十字軍東征（卡佩王朝第9代）

　　不過，一旦跟宗教扯上關係，面臨的反抗就會變得更加激烈，再加上南法諸侯也頑強抵抗，因此問題未能在腓力二世這代解決，下一代的路易八世（B-4/5）也一樣，結果拖到了路易九世（C-4/5）這代。

　　最後路易九世終於成功討伐南法諸侯，結束了這一場經歷3代國王的戰爭。

　　於是，本來只統治巴黎與周邊地區的弱小卡佩王朝，其勢力終於達到南方的地中海沿岸，此時路易九世開始有了新的野心。

　　那就是將眼前那片地中海變成「我們的海」。

　　當時，掌握東地中海制海權的是埃及的埃宥比（Ayyubid）王朝，掌握西地中海貿易霸權的是突尼西亞的哈夫斯（Hafsid）王朝。雖然哈夫斯王朝距離法蘭西比較近，但「貿易的利益」卻完全比不上東地中海，因此路易九世決定先攻打埃宥比王朝。

　　1248年，路易九世發起「第六次十字軍東征（B/C-5）」，並且御駕親征前往埃及，結果不僅戰敗，路易九世本人還遭到俘虜，丟盡了面子。

第一步的挫折乃神的忠告

　　當人朝著夢想或目標努力時，總會在過程中遇到一、兩次失敗，不過意氣風發地展開某項新事物時，如果才踏出「第一步」就跌倒，通常就表示努力的方向錯了。

　　這種時候不要盲目地前進，應退一步冷靜地重新檢視自己，可以的話先暫時打消計畫，將心力投注在全然不同的事情上才是「上策」。

　　這次路易九世出師不利，本來應該取消「十字軍東征」才對，但好不

（＊10）被十字軍國家（經由十字軍東征建立的國家）殖民的基督教徒，受當地摩尼教影響所形成的教派，後來被視為異端。南法的卡特里派教徒又稱為「阿爾比派（Albigeois）」。

容易回國^{（＊11）}之後，路易九世又為了攻打哈夫斯王朝，不顧周遭人反對在1270年發起「第七次十字軍東征（C-4）」^{（＊12）}。

這種反抗「神的掣肘」的行為必定會走向毀滅。

果不其然，路易九世最後客死在這裡^{（＊13）}。

法蘭西因路易九世接連遠征失敗導致國力衰退，此後便轉而將心力投注在國內的安定上。

阿爾比十字軍第六次、第七次十字軍東征，無論內政還是外交都好忙碌啊！

第六次十字軍東征

第七次十字軍東征

卡佩王朝 第9代
路易九世
（賢王）
1226 – 1270

（＊11）為了獲釋，路易九世被迫支付鉅額的贖金。

（＊12）結果這成了最後一次的十字軍東征。

（＊13）戰爭期間傳染病（斑疹傷寒或痢疾？）在軍中蔓延，路易九世也感染了疾病而病逝。

第2章 法國的系譜

第2幕

保有男系血脈的王朝更迭

從卡佩王朝到瓦盧瓦王朝

一直穩定地「父死子繼」的卡佩王朝也終於面臨直系絕嗣的時刻。

這種時候就會從親屬當中尋找繼承人，如果有男系親屬，王朝就能「存續」；如果只有女系親屬，王朝就得「更迭」，這次因為有男系親屬（腓力），卡佩王朝理應能安然度過難關才對，但是……。

直系絕嗣

父王這支男系終於絕嗣了……只好把王位讓給瓦盧瓦家族。

卡佩王朝 第15代
查理四世
1322 – 1328

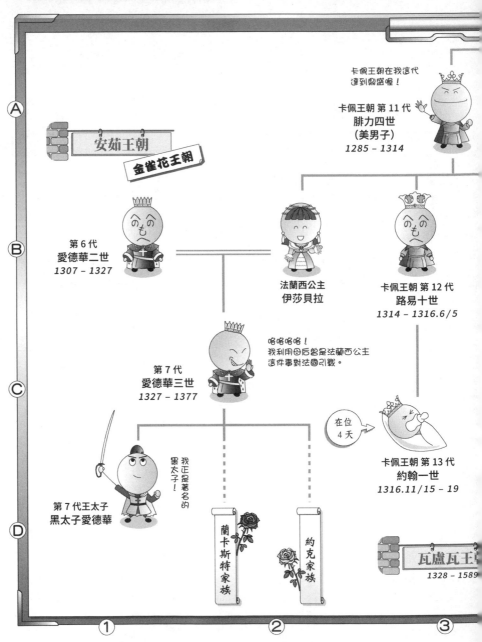

卡佩王朝在我這代
達到鼎盛喔！

卡佩王朝 第 11 代
腓力四世
（美男子）
1285 – 1314

安茹王朝

金雀花王朝

第 6 代
愛德華二世
1307 – 1327

法蘭西公主
伊莎貝拉

卡佩王朝 第 12 代
路易十世
1314 – 1316.6/5

第 7 代
愛德華三世
1327 – 1377

哈哈哈哈！
我利用母后曾是法蘭西公主
這件事對法國引戰。

在位
4 天

卡佩王朝 第 13 代
約翰一世
1316.11/15 – 19

第 7 代王太子
黑太子愛德華

我正是著名的
黑太子！

蘭卡斯特家族

約克家族

瓦盧瓦王朝
1328 – 1589

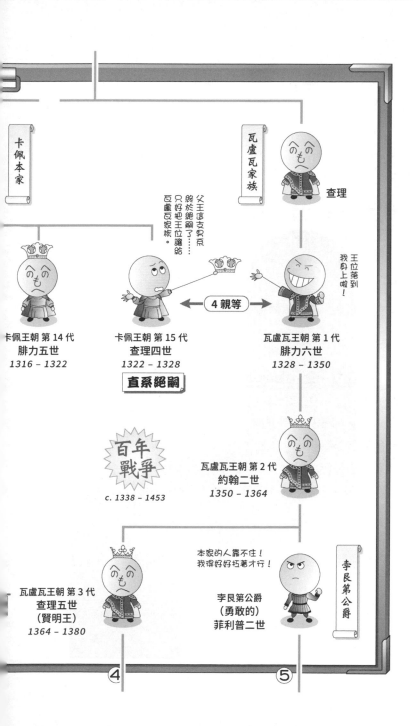

序章　家系圖的基礎知識

第 1 章　英國的系譜

第 2 章　法國的系譜

第 3 章　神聖羅馬帝國的系譜

第 4 章　普奧的系譜

第 5 章　俄羅斯的系譜

第 6 章　丹挪希英的系譜

卡佩本家

瓦盧瓦家族

查理

父王這支兒系
終於絕嗣了……
只好把王位讓給
瓦盧瓦家族。

王位落到
我身上嘍！

4 親等

卡佩王朝 第 14 代
腓力五世
1316 – 1322

卡佩王朝 第 15 代
查理四世
1322 – 1328

直系絕嗣

瓦盧瓦王朝 第 1 代
腓力六世
1328 – 1350

百年戰爭
c. 1338 – 1453

瓦盧瓦王朝 第 2 代
約翰二世
1350 – 1364

瓦盧瓦王朝 第 3 代
查理五世
（賢明王）
1364 – 1380

本家的人靠不住！
我得好好拓著才行！

宇艮第公爵
（勇敢的）
菲利普二世

宇艮第公爵

④　⑤

到了路易九世的下下代——孫子腓力四世（A-3）的時代，由於重視內政更勝於遠征的策略奏效，王權達到前所未有的強大。

國王的直轄領地就占全國的7成[*01]，這下子國內再也找不到能反抗王權的勢力了——原以為可以高枕無憂，沒想到還是有這樣的勢力。

那就是「教會」。

當時，教會處於「由教宗任命，由法王冊封[*02]」這種雙重權力的狀態，因此有些主教是親國王派，有些則是親教宗派。

與教宗的對決（卡佩王朝第11代）

若要使國內的主權全部集中在國王身上，就得讓國內所有的教會都臣服於國王，而要使教會臣服，就必須讓作為後盾的教宗屈服才行。

不過腓力四世也十分清楚，在過去的歷史上，神聖羅馬皇帝（亨利四世）、法王（腓力二世）、英王（約翰）這些有名的帝王都曾挑戰過教宗卻又一再失敗。

必以全爭於天下 [*03]

與敵人交戰時，必須要先拉攏身邊的敵人，然後以萬全的狀態對抗外敵，否則本來打得贏的戰爭也會打不贏。

——他們會戰敗，是因為並未事先爭取到國內有力人士的支持。

在與教宗對決之前，必須先獲得國內的支持，於是腓力四世決定開設諮詢機關。

那就是「三級會議（États généraux）」。

腓力四世給予當時法國國內說話深具影響力的3種身分人士（教會、

（＊01）就連擁有極大權力的江戶幕府，其直轄領地都不到全國的2成，如此一比較，相信大家就能明白這個數字有多驚人。

（＊02）換言之，教宗授予神職人員的地位，法王授予教會領地的統治權。

（＊03）出自《孫子兵法‧謀攻篇》。

貴族、平民）政治發言權，藉此拉攏他們，要他們發誓支持及效忠國王後才與教宗對決。

得到後盾的腓力四世在阿納尼（Anagni）俘獲當時的教宗波尼法爵八世（Boniface VIII），活活把他氣死，下一任教宗本篤十一世（Benedict XI）也很快就被毒死[04]，再下一任的教宗克萊孟五世（Clement V）則被安置在自己的眼皮子底下（亞維農），成功讓教宗在此後將近70年的期間都受到法王的監控[05]。

自中世紀以來都不曾有人成功「掌控教宗」，這回腓力四世總算達成這項壯舉，而卡佩王朝也進入了鼎盛期。

教宗的詛咒（卡佩王朝第12～15代）

然而，接下來卡佩家族卻開始遭遇苦難。

卡佩王朝到此為止一直都很順利地父死子繼，甚至還有「卡佩奇蹟」之稱，腓力四世也生了4男3女，所以大家都以為這個「奇蹟」今後應該也會持續下去。

沒想到腓力四世駕崩之後，長子雖然順理成章地繼位為路易十世（B-3），但他才在位1年半就突然去世。

路易十世的「獨子」約翰一世（Jean I）（C/D-3）一出生就馬上即位[06]，但5天後夭折。

到了這時，自雨果・卡佩以來持續13代、將近350年的父死子繼模式終於被打破，改由路易十世的弟弟即位為腓力五世（B-3/4）。

雖然他同樣生了2男5女，但兒子全都夭折，接著繼位的弟弟查理四世（B-4）也一樣。

之前一直穩定地父死子繼的卡佩家族遭遇了一連串的夭折，簡直就像

（＊04）雖然沒有證據，但因為教宗才上任8個月就猝死，當時大家都這麼猜測。

（＊05）此即所謂的「亞維農之囚（Prisoner of Avignon）」或「巴比倫之囚（Babylonian Captivity of the Papacy）」。

（＊06）約翰一世是在父王路易十世死後才出生，故「一出生」就即位。

序章　家系圖的基礎知識

第1章　英國的系譜

第2章　法國的系譜

第3章　神聖羅馬帝國的系譜

第4章　普奧的系譜

第5章　俄羅斯的系譜

第6章　丹挪希英的系譜

是被「詛咒」一般，當時的人們都謠傳那是「教宗的詛咒」。

法國史上首次由堂兄繼位（瓦盧瓦王朝第1代）

我們在前面已經學過，當直系絕嗣時會「從男系親屬尋找繼承人」。

以這次的情況來說，查理四世的父親（腓力四世）有個弟弟叫做瓦盧瓦伯爵查理（A-5），他的兒子腓力獲選為王位繼承人。

腓力是查理四世的堂兄，故這是法國史上首次既非「父死子繼」也非「兄終弟及」，而是由「堂兄繼位」的例子。

他就這樣即位為「腓力六世（B-5）」。

不過，這裡卻有個很大的誤解在坊間流傳。

翻開歷史類書籍，有時會看到「因為男系絕嗣所以改朝換代（＊07）」，或「因為直系絕嗣所以改朝換代」等錯誤的說明。

首先，查理四世與父親，以及父親的弟弟（叔叔）與腓力六世（叔叔的兒子）都是卡佩家族的男系成員，雖然直系絕嗣了，但男系沒斷。

第二，直系確實在這裡斷絕，不過直系斷絕與王朝更迭並無任何因果關係。

換言之，此時法國並未改朝換代。

但現實問題是，無論教科書還是其他歷史類書籍，全都清楚寫著「王朝更迭成瓦盧瓦王朝」。

這是怎麼回事呢？

前面已再三說明，在學術觀點上，王朝更迭只發生在「男系絕嗣的時候」。

不過我在序章也提過，還有一種情況是習慣上會「視同王朝更迭」，那就是以下的模式。

（＊07）寫出這種錯誤說明的作者，要不是「沒在看卡佩家族的家系圖」，就是「不會區分直系與男系」。

序章　家系圖的基礎知識

第1章　英國的系譜

第2章　法國的系譜

第3章　神聖羅馬帝國的系譜

第4章　普奧的系譜

第5章　俄羅斯的系譜

第6章　丹挪希英的系譜

①王朝改名時。

②放伐（靠戰爭獲得寶座）時。

這次的情況並不是變更王朝名號，而是②的模式。

如果繼承是和平且順利地進行，後世應該就不會將王朝改稱為「瓦盧瓦王朝」了吧。

這次有人對腓力六世繼位一事提出異議，並且為了繼承權而爆發長達120年的大戰。

當王位繼承問題引發「戰爭」時，即便是由男系繼承的同一個王朝，習慣上仍會「視為王朝更迭」，不過再強調一次，在學術觀點上，王朝並未發生更迭。

「卡佩奇蹟」再次出現

那位提出異議的人是誰（C-1/2），以及之後發生的王位繼承戰爭是什麼情形（C-4），這些我們都已經學過了，詳細說明請參考上一章。看來「教宗的詛咒」只對腓力四世的直系後代有效，王位轉移到旁系後，再度順利地父死子繼，從腓力六世開始一路傳給約翰二世（C-5）、查理五世（D-4）、查理六世、查理七世、路易十一、查理八世。

不過到查理七世為止的5代國王都在打「百年戰爭」，苦難的歷史並未隨之落幕就是了。

如同前述，「國家或社會的動亂」與「王位繼承權問題」大多互有關聯，但看樣子這項法則似乎不適用於「卡佩奇蹟」。

居於劣勢的百年戰爭

百年戰爭初期，法蘭西總是居於劣勢。

由於戰爭是在1338年[*08]英軍登陸北法後才開打，戰場始終在法國本土，而戰爭拖得越久國土就越破敗。

除此之外，英軍有黑太子愛德華（D-1）率領士氣高昂的士兵，使用的是長弓與大砲等近世武器，反觀法軍則以重裝騎兵與弩弓等中世紀所用的舊式武器應戰，簡直就像是「長篠之戰」或「查爾迪蘭戰役（Battle of Chaldiran）」[*09]，法軍會居於劣勢可說是必然的結果吧。

到了腓力六世晚年，西歐自1348年起爆發黑死病大流行，根本顧不得打仗，因此雙方便在大流行肆虐期間停戰，但大流行平息後雙方又再度開戰，其中吉耶訥行省（Guyenne）在約翰二世的時代被奪走，到了查理五世的時代又搶回來，雙方陷入了拉鋸戰。

我正是著名的黑太子！

第7代王太子
黑太子愛德華

（＊08）百年戰爭是在1337年下最後通牒，1338年英軍登陸北法，1339年開打，故該以哪個時間點作為「百年戰爭的開始年」眾說紛紜。

（＊09）無論是1575年日本的「長篠之戰（織田信長對武田勝賴）」，還是1514年的「查爾迪蘭戰役（鄂圖曼帝國對波斯薩法維王朝）」，兩者都是「近世槍砲對中世紀騎兵」的戰爭。

第2章　法國的系譜

第3幕

互相暗殺的王族

瓦盧瓦王朝（百年戰爭時期）

戰爭居於劣勢，國王卻在這時發瘋，王族也開始互相暗殺。

不只如此，王族中居然還有人跟敵國英格蘭私下聯手，要讓蘭卡斯特王朝的英王即位為法蘭西國王。

就在弓折矢盡、日暮途窮之際，法蘭西出現了「救世主」，形勢立即逆轉。

奧爾良公爵

奧爾良公爵
路易一世

暗殺

嗚啊啊啊啊啊啊啊！
被幹掉啦！！

〈 瓦盧瓦王朝 〉

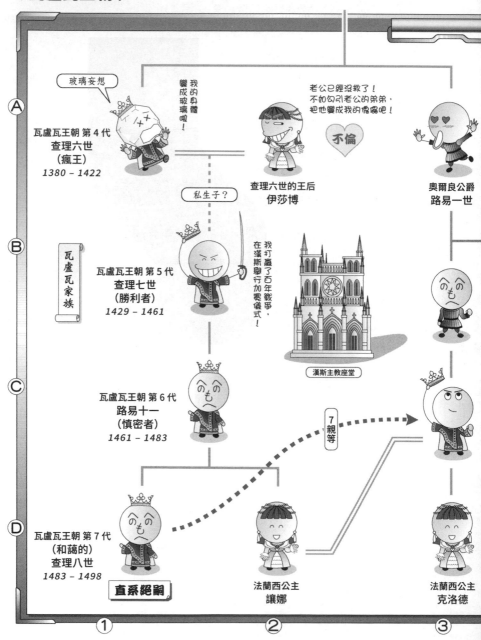

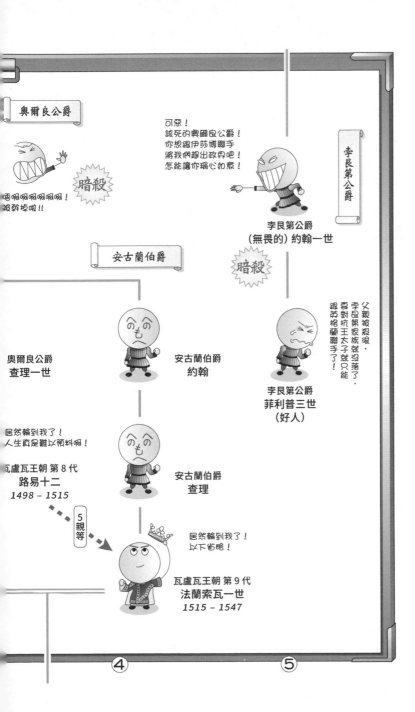

序章　家系圖的基礎知識

第 1 章　英國的系譜

第 2 章　法國的系譜

第 3 章　神聖羅馬帝國的系譜

第 4 章　普奧的系譜

第 5 章　俄羅斯的系譜

第 6 章　丹挪希英的系譜

法 王查理五世是有「賢明王（le Sage）」之稱的明君，此外也成功奪回父王約翰二世被搶走的國土，他本來想趁自己在位期間一口氣扭轉情勢，可惜天妒英才[*01]，42歲就英年早逝。

充滿陰謀的宮廷（瓦盧瓦王朝第4代）

接著繼位的是查理六世（A-1）。

剛開始親政時他就推行善政，甚至有「受愛戴者（le Bien-Aimé）」的稱號，然而好景不長，不久之後他就發瘋[*02]了，被世人稱為「瘋王（le Fol）」。

當時「百年戰爭」還在進行中，國家有難國王卻發瘋，這樣下去國家會失去控制，因此必須要有一個人輔佐他（攝政），而當時暗中操作此事的就是查理六世的王后伊莎博（Isabeau）（A-2）。

照理說，本來應該由在查理六世年幼時，負責其教育工作的孛艮第公爵勇敢的菲利普二世（Philippe II l'Hardi）（上一幕D-5）成為攝政，但王后伊莎博反對，於是她勾引奧爾良公爵路易一世（A-3），與他發展婚外情[*03]，然後硬是將攝政一職安排給他。

在水流中放置障礙物會打亂水流形成渦流[*04]，歷史也是如此，硬要阻斷「潮流」的話就會產生紛亂（渦流），而且形成的不是小漩渦，而是會吞沒周遭所有人的大禍，繼而奪走許多人的性命，這就是歷史的可怕之處。

老子的箴言「治大國，若烹小鮮[*05]」也是同樣的道理，總之無論政治還是歷史，為了自己的私欲而插手攪亂「潮流」是不會有好結果的。

然而，伊莎博王后攪亂了「潮流」，因此之後便接連發生一波又一波的紛爭。

（＊01）意思是「越優秀的人越早死」。

（＊02）他有「玻璃妄想」這種大腦障礙，深信自己全身都變成了玻璃。

（＊03）畢竟是發生在宮廷深處的事情，這方面的緋聞是從明確的歷史事實來推測，含有不少臆測成分，不過當時大家就認為兩人有染了。

序章　家系圖的基礎知識

第1章　英國的系譜

第2章　法國的系譜

第3章　神聖羅馬帝國的系譜

第4章　普奧的系譜

第5章　俄羅斯的系譜

第6章　丹挪希英的系譜

　　首先產生的「渦流」是「奧爾良公爵（路易一世）與孛艮第公爵（勇敢的菲利普二世）的對立」，後來演變成「互相暗殺」的大禍，奪走了許多人的生命。

　　勇敢的菲利普二世之子無畏的約翰（Jean sans Peur）（A-5）暗殺了奧爾良公爵路易一世，之後王太子查理（B-1/2）為了報復又暗殺了無畏的約翰——雙方就這樣一再進行報復戰。

　　本來以為，接下來換好人菲利普（Philippe le Bon）（B/C-5）報復殺死父親（無畏的約翰）的王太子，但孛艮第派在無畏的約翰死後很快就失去了向心力，而且他們要報復的王太子繼承王位只是時間問題^{（＊06）}，到了這個地步，孛艮第派的立場終於變得很危險。

特魯瓦條約

　　無論古今中外，凡是為了在國內的政爭中獲勝而向外國尋求助力者，最後都會被伸出援手的那個國家毀滅，這是歷史的定理。

求助反而引來豺狼

　　國內問題一定要在國內解決才行。

　　然而，被逼到走投無路的好人菲利普還是碰了那顆「禁果」。

　　好人菲利普為了加以阻止殺父仇人查理王太子登基，他在1420年跟英格蘭約定「現任法王查理六世駕崩後，同意由英王亨利五世即位為法王^{（＊07）}」。

　　順帶一提，在背後煽風點火，引發法國這一連串政治混亂的人是伊莎博王后。

（＊04）將棒子插入水流中時連續產生的漩渦。

（＊05）意思是「烹煮小魚（小鮮）時，要是太常翻攪會讓魚肉碎掉，治國時也一樣，要是太常干涉反而會引發混亂」。跟亞當‧史密斯的「自由放任（laissez-faire）」思想有異曲同工之妙。

（＊06）此時的查理六世任誰看了都覺得來日不多。

路易一世遭到暗殺之後，失去「傀儡」的伊莎博為了保身，不顧他人眼光，寡廉鮮恥地接近殺死情夫的無畏的約翰，結果無畏的約翰也遭到暗殺，於是她又轉而親近交戰中的英格蘭，充分展現其毫無定見、毫無節操的一面。

簽訂《特魯瓦條約》時也一樣，為了讓條約成立，她居然宣稱「王太子不是丈夫（查理六世）的親生兒子[08]，所以他沒有王位繼承權」。

伊莎博竟然為了討好英國，不惜貶低自己親生（？）的孩子，真是太殘忍了。

因為這個緣故，伊莎博被蔑稱為「淫亂王后」、「賣國王后」，不過罵得好，一點也沒錯。

法蘭西王國蘭卡斯特王朝

此刻正在交戰，全國上下應當團結一致抵抗敵國才對，然而王族不僅互相暗殺，還有人通敵，這樣戰爭當然不可能打贏。

於是法蘭西就在轉眼之間被英格蘭占領了北法，隨後因為查理六世在1422年駕崩，法國履行《特魯瓦條約》，由英王亨利六世即位為「法蘭西國王」[09]。

王位被搶走的王太子查理逃亡到奧爾良，因此「法蘭西王國蘭卡斯特王朝」暫時成立。

不過，當時「蘭卡斯特王朝」只掌控了北法，南法依然由瓦盧瓦王朝統治，因此英國便以統一天下為目標圍攻奧爾良。

聖女貞德登場

瓦盧瓦王朝已經是「風中殘燭」了。

（＊07）即1420年的《特魯瓦條約（Traité de Troyes）》。

（＊08）這句話等於是在招認「丈夫（查理六世）還在世時，自己就紅杏出牆了」。

（＊09）英王亨利五世駕崩後過了不久，法王查理六世就去世了。

　　1422年，剛誕生的英王亨利六世即位為「法蘭西國王」後，查理王太子[＊10]就被英軍追趕而輾轉於各地，奧爾良是他「最後的堡壘」。

　　英軍為了結束這場漫長的戰爭，終於在1428年包圍奧爾良進行「最終決戰」。

　　要是這裡淪陷，就再也沒有人保護瓦盧瓦王朝，到時候瓦盧瓦王朝就會名符其實地「滅亡」。

天無絕人之路

　　不過，正所謂世事難料。

　　在弓折矢盡、日暮途窮之時，偶有幸運降臨。

　　正當眾人絕望地以為「『卡佩奇蹟』就要到此為止了嗎」之際，一位來自鄉下[＊11]、寂寂無名的農夫之女來找查理王太子[＊12]，當時有誰料到她會是「瓦盧瓦王朝的救世主」呢？

　　這位少女就是無人不知的「聖女貞德（Jeanne d'Arc）」，雖然直到現在仍不清楚她到底是「何方神聖」，但她的出現確實令狀況完全改變。

　　這個年約17歲、「來歷不明的小丫頭」突然出現，並且自稱「我聽到了天使長米迦勒的聲音」、「我得到神的啟示，祂要我『拯救法蘭西』」，因此起初被人當成「腦袋有問題的女孩」而沒人理睬她，不過當時查理王太子已是病急亂投醫的狀態，最後他決定把軍隊交給這個女孩試試。

　　結果，之前一直處於劣勢的法軍竟然連戰連勝，實在令人不敢置信。

　　可是，指揮軍隊並非外行人依樣畫葫蘆就能做到。

　　因為兵法是一種很難學會的特殊技能，即使從小就讀軍校、徹底學習專業知識，能夠成為「有用的將校」的人也只有一小部分而已。

（＊10）傳統上，法蘭西國王都是在北法的「漢斯（Reims）」舉行加冕儀式，但當時北法被英格蘭占領，父王死後查理也沒辦法舉行加冕儀式，所以此時仍是「王太子」的身分。

（＊11）位於巴黎東方約250公里處的棟雷米村（Domrémy），在當時是靠近法德交界處的邊疆。

（＊12）位於巴黎西南方約250公里處的希農（Chinon）。當時臨時王宮就設置在這裡。

序章　家系圖的基礎知識

第1章　英國的系譜

第2章　法國的系譜

第3章　神聖羅馬帝國的系譜

第4章　普奧的系譜

第5章　俄羅斯的系譜

第6章　丹挪希英的系譜

實在很難相信沒受過任何教育的鄉下農夫之女，竟然指揮得比任何人都好，因此學者們會懷疑「貞德的教育程度其實很高」也不是沒有道理。

在百年戰爭中反敗為勝（瓦盧瓦王朝第5代）

就這樣，貞德順利地解救奧爾良，並且成功掌控漢斯讓查理王太子舉行加冕儀式。

於是王太子正式即位為「查理七世」[*13]。

但是，貞德在翌年1430年的康白尼之圍（Siège de Compiègne）中遭到英軍俘虜，不知為何查理七世卻對她見死不救[*14]，最後貞德就在1431年被處以火刑。

不過，已重振旗鼓的法軍在貞德去世後仍舊勢不可當，最後成功將英軍逐出加萊（Calais）以外的所有歐陸領地，查理七世因這項功績而被稱為「勝利者（le Victorieux）」。

「百年戰爭」終於劃下句點，但長達120年的戰亂導致國土荒廢，社會與經濟也遭受破壞，查理七世沒時間沉浸在勝利的餘韻中，必須致力於戰後復興才行。

想成為創造者，
必先成為破壞者[*15]

不過，一切都破壞殆盡，反而更容易配合新時代（近世）重建社會與經濟。

於是查理七世特別投注心力重建財政與軍政，此時實行的「整頓官僚機構」與「創建常備軍」奠定了日後法國絕對主義的基礎。

（*13）雖然1422年父王查理六世駕崩的時候，他曾經以「法蘭西國王」自稱，不過正式即位是在1429年。

（*14）查理七世只要支付贖金就能救出貞德，但他卻沒這麼做，對她見死不救。至今仍不清楚查理七世為什麼對有恩於自己的貞德見死不救。

序章　家系圖的基礎知識

第1章　英國的系譜

第2章　法國的系譜

第3章　神聖羅馬帝國的系譜

第4章　普奧的系譜

第5章　俄羅斯的系譜

第6章　丹挪希英的系譜

瓦盧瓦家族直系斷絕（瓦盧瓦王朝第6～7代）

　　勝利者查理駕崩之後，接下來繼位的路易十一（C-1/2）與查理八世（D-1）這2代都是父死子繼，不過查理八世所生的3男1女全都夭折，故瓦盧瓦家族的直系就在這裡斷了。

　　如同前面的說明，直系斷絕時會從男系親屬挑選出繼承人，當時雀屏中選的是，在百年戰爭期間一直支持瓦盧瓦王室的奧爾良家族的路易（C-3/4）。

　　他是查理八世的族叔（＊16），以親等來說則是7親等，但不管親等多遠，只要有男系血緣關係就不算「改朝換代」。

　　從這個例子來看就能明白，前述的查理四世傳位給腓力六世時之所以會被視為「王朝更迭」，原因並非「直系斷絕」。

　　以下就來比較看看上次與這次的直系斷絕。

國王：	查理四世→腓力六世	查理八世→路易十二
直系：	斷絕	斷絕
男系：	存續	存續
親等：	4親等（血緣濃）	7親等（血緣淡）
繼承：	武力（百年戰爭）	和平繼承
王朝：	視為斷絕	存續

　　兩者都是「直系斷絕」與「由男系親屬繼位」。

　　但上次的繼承人血緣較濃反而被視為「王朝更迭」，這次的繼承人血緣較淡卻被視為「王朝存續」，兩者的差別就在於王位是靠「武力」奪得還是「和平」繼承。

（＊15）這句話出自德國的哲學家弗里德里希・尼采（Friedrich Nietzsche）。
（＊16）即曾祖父的弟弟的孫子。

包括歷史老師在內，許多人都不瞭解這個部分的差異。

從中世紀邁向近世（瓦盧瓦王朝第8代）

路易十二登基後同樣只生女兒，因此又要從男系親屬挑選繼承人。

其實路易十二有個叔叔，他的名字叫做安古蘭伯爵約翰（Jean, comte d'Angoulême）（B/C-4/5），其孫子法蘭索瓦則是路易十二之女（D-3）的丈夫，因此便選擇他作為繼承人。

他即位為「法蘭索瓦一世（François I）（D-4/5）」，而從他這一代開始，時代自中世紀進入近世。

第2章　法國的系譜

第4幕

三亨利之戰

從瓦盧瓦王朝到波旁王朝

法國在打贏百年戰爭後，接著捲入了宗教紛爭。舊教派的吉斯公爵亨利與新教派的波旁公爵亨利，以及必須居中調停兩派人馬的瓦盧瓦王朝的亨利三世——這3個亨利展開了賭上「下任天下人」寶座的三足鼎立之戰。

暗殺

我被幹掉啦！

瓦盧瓦王朝 第13代
亨利三世
1574－1589

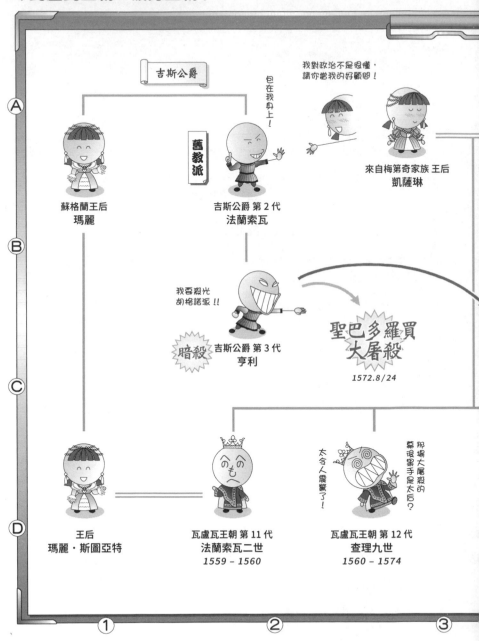

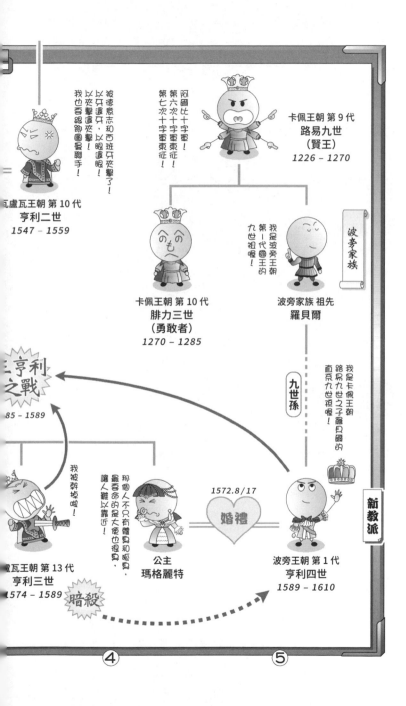

被德意志和西班牙夾擊了！
以牙還牙、以眼還眼！
我也要跟圖爾戰聯手！

阿爾比十字軍！
第六次十字軍東征！
第七次十字軍東征！

卡佩王朝 第9代
路易九世
（賢王）
1226 – 1270

瓦盧瓦王朝 第10代
亨利二世
1547 – 1559

の←の

卡佩王朝 第10代
腓力三世
（勇敢者）
1270 – 1285

我是波旁王朝
第一代國王的
九世祖喔！

波旁家族 祖先
羅貝爾

波旁家族

三亨利
之戰
85 – 1589

我被幹掉啦！

那個人不只有龐貝和孤立，
為奪命的是大使也很臭，
讓人難以靠近。

公主
瑪格麗特

1572.8/17

婚禮

我是卡佩王朝
路易九世之子羅貝爾的
直系九世孫喔！

九世孫

新教派

波旁王朝 第1代
亨利四世
1589 – 1610

瓦盧瓦王朝 第13代
亨利三世
1574 – 1589

暗殺

④　　　⑤

序章　家系圖的基礎知識

第1章　英國的系譜

第2章　法國的系譜

第3章　神聖羅馬帝國的系譜

第4章　普奧的系譜

第5章　俄羅斯的系譜

第6章　丹挪希英的系譜

我們已從各種歷史場面學到「『王位繼承之亂』與『社會動亂』互有關聯」，當時法蘭西正值「從中世紀轉變為近世」的動盪時代，再加上原本穩定而有「卡佩奇蹟」之稱的父死子繼模式中斷，王位便從本家轉移到旁系的奧爾良家族，之後又轉移到旁系的安古蘭家族。

近世首位法王（瓦盧瓦王朝第9代）

不過，從中世紀邁入近世的這段「動盪期」逐漸穩定下來，開始形成近世社會後，王位繼承也配合這樣的步調趨於穩定，再度恢復成「父死子繼」。

而起點就是「法蘭索瓦一世（上一幕D-4/5）」。

法蘭索瓦一世的在位時間長達30多年，是「代表16世紀前半葉的法王（1515～1547年在位）」，其實在16世紀前半葉，那些「代表時代的長期政權君主」簡直像是說好了一般同時出現。

· 英格蘭是「亨利八世（1509～1547年）」
· 西班牙是「卡洛斯一世（1516～1556年）」[*01]
· 德意志是「查理五世（1519～1556年）」[*01]
· 奧地利是「斐迪南一世（1521～1564年）」
· 波蘭是「齊格蒙特一世（1506～1548年）」
· 鄂圖曼是「蘇萊曼大帝（1520～1566年）」

這樣重新一看，各個都是了不起的大人物，他們之間會產生嫌隙也是很自然的發展，尤其西班牙與德意志是由同一個人統治，這件事刺激著法蘭西的敏感神經。

因為在地勢上，法蘭西被德意志與西班牙包夾。

假如不久的將來，法蘭西要與德意志、西班牙交戰，屆時就會遭到兩方的夾擊。

（＊01）西班牙國王卡洛斯一世（Carlos I）與德意志皇帝查理五世（Karl V）是同一個人。

（＊02）即1536年的法蘭西－鄂圖曼協定（Franco-Turkish treaty）。從此之後，法、土維持了長期的親密關係，而法、德則長久保持對立關係。

——以牙還牙，以眼還眼。

　　以夾擊還夾擊！

最簡單且效果最大的策略就是「夾擊」。

於是，法蘭索瓦一世接近蘇萊曼大帝（Suleiman the Magnificent），與位在德意志對面、氣勢高昂的鄂圖曼帝國結盟（＊02），準備從東西兩方夾擊德意志。

當時的德意志因宗教紛爭而陷入混亂，法蘭索瓦一世便趁此機會，在1526年與1529年與鄂圖曼帝國同時攻打德意志（＊03），成功將德意志逼入絕境。

不過，戰爭要花費的金錢多到嚇人。

因此緣故，法蘭索瓦一世考慮與當時義大利當地的大富豪梅第奇家族（Medici）進行聯姻，決定讓次子亨利迎娶梅第奇家族的千金凱薩琳（A-2/3）。

「垂簾聽政」時代（瓦盧瓦王朝第10～11代）

法蘭索瓦一世駕崩之後由亨利二世（A-3/4）繼承王位，但是他英年早逝（＊04），故由長子即位為「法蘭索瓦二世（D-2）」，不過當時的他只是個15歲的年輕人，而且還患有先天性疾病，所以便由太后凱薩琳「垂簾聽政」。

法蘭索瓦二世在位不到2年就駕崩，而且也沒有子嗣，故由10歲的弟弟即位為查理九世（D-2/3），連續2代都由凱薩琳「垂簾聽政」，這個體制便固定下來。

　　但是。

（＊03）由鄂圖曼帝國發動的著名戰爭，包括1526年的「摩哈赤戰役（Battle of Mohács）」，以及1529年的「第一次維也納之圍（Siege of Vienna）」。

（＊04）死於馬上騎槍比武中發生的意外，享年40歲。順帶一提，《百詩集（Les Prophéties）》作者諾斯特拉達穆斯（Nostradamus）因成功預言亨利二世之死而聲名大噪。

序章　家系圖的基礎知識

第1章　英國的系譜

第2章　法國的系譜

第3章　神聖羅馬帝國的系譜

第4章　普奧的系譜

第5章　俄羅斯的系譜

第6章　丹挪希英的系譜

雙人羽織餵食秀

　　無論國家還是企業，如果非制度上的最高權力者企圖掌握實權以控制這個組織，那就像是表演「雙人羽織餵食秀」一般，要順利控制是非常困難的事（譯註：雙人羽織為一種喜劇表演，由一前一後的兩個人共穿一件外套假扮成一個人，後面的人當手，前面的人當頭，兩人互相配合做出各種動作）。

　　凱薩琳掌握政治實權後，在國家的經營上遇到困難，於是請吉斯公爵法蘭索瓦（François II, duc de Guise）（A／B-2）擔任她的顧問。

　　之所以找吉斯公爵，第一個原因是他是自家兒子法蘭索瓦二世的外戚（＊05），另一個原因則是他是熱情的舊教徒。

　　當時，凱薩琳正面臨處理不了的政治問題。

　　法蘭西王室信仰的宗教是舊教（天主教），但起自德意志的宗教改革浪潮也在此時撲向法蘭西，新教徒（胡格諾派）的勢力日益增長。

　　為了對抗新教派的勢力，凱薩琳才會想跟舊教派的領袖吉斯公爵站在同一陣線。

　　然而，國內舊教與新教的對立，最後卻發展成「胡格諾戰爭（＊06）」這場長期的內亂而無法收拾。

　　這場看不到未來的內亂令凱薩琳感到憂心不已，於是她決定讓新教派的領袖波旁公爵亨利（＊07）（D-5）與女兒瑪格麗特（Marguerite）（＊08）（D-4）結婚，嘗試藉由這種方式讓兩派和解。

　　但是，反對這項綏靖政策的吉斯公爵亨利（B／C-2）卻襲擊了這場婚禮，對聚集在現場的新教徒大開殺戒。

　　這就是歷史上很著名的「聖巴多羅買大屠殺（Massacre de la Saint-Barthélemy）（＊09）（C-2/3）」。

（＊05）君主的母親與妻子的親戚。以這個例子來說，吉斯公爵法蘭索瓦是法蘭索瓦二世的王后（瑪麗・斯圖亞特）的叔叔。

（＊06）這是一場橫跨查理九世、亨利三世、亨利四世這3代國王，長達36年（1562～1598年）的內亂。

當時波旁公爵亨利成功死裡逃生，但查理九世敬仰如父的海軍上將加斯帕爾‧德‧科利尼（Gaspard de Coligny）卻遭到殘忍殺害，查理九世得知消息後大受打擊而病倒，再加上他本來就性格軟弱且體弱多病，不久就死了。

得年23歲。

三亨利之戰（瓦盧瓦王朝第12代）

由於查理九世生前並未留下任何子嗣，弟弟便繼位為「亨利三世（D-3/4）」。

登基時他才22歲，於是連續3代國王都是由太后「垂簾聽政」。

當時，「舊教派的領袖吉斯公爵亨利」與「新教派的領袖波旁公爵亨利」對立，而「瓦盧瓦王朝的亨利三世」夾在兩派之間，呈現三足鼎立的狀態，之後就發生了內亂。

由於當時三派的領袖剛好都叫「亨利」，這場內亂便稱為「三亨利之戰（C-3/4）」，其中亨利三世暗殺了吉斯公爵，而亨利三世也被吉斯公爵的支持者暗殺，因此最後必然由倖存下來的波旁公爵繼位。

第2次的「視同王朝更迭」（波旁王朝第1代）

於是他成了波旁王朝第1代國王「亨利四世（D-5）」。

一般都稱這時發生了「王朝更迭」，但嚴格來說，這次同樣沒有改朝換代。

如果亨利三世沒有兒子與弟弟，那確實就是「直系斷絕」，但我們已學過很多次「直系斷絕與王朝更迭無關」。

（＊07）卡佩王朝第9代國王路易九世（A-4/5）之子羅貝爾（Robert de Clermont）（B-5）的九世孫。

（＊08）波旁公爵亨利有嚴重的體臭、口臭、狐臭與糞臭，據說瑪格麗特一得知要嫁給他就哭著求太后（凱薩琳）解除婚約。

（＊09）1572年8月24日發生。巧合的是，筆者的生日是同一天。

序章 家系圖的基礎知識

第1章 英國的系譜

第2章 法國的系譜

第3章 神聖羅馬帝國的系譜

第4章 普奧的系譜

第5章 俄羅斯的系譜

第6章 丹挪希英的系譜

王朝若要更迭，繼位的新王亨利四世就得是「女系國王」才行。

從家系圖可知，亨利四世是「亨利三世之妹（瑪格麗特）的丈夫」，只看這層關係的話，的確像是「女系國王」。

但是，從亨利三世往上追溯父親的父親的父親……他的十世祖之父是路易九世，而從路易九世的么子（羅貝爾）這支血脈往下追溯兒子的兒子的兒子……羅貝爾的九世孫是亨利四世。

換言之，雖然亨利四世是20親等的遠親，但他確實是「有男系血緣關係的親屬」，所以不是女系國王。

既然這樣，為什麼這時會被視為「王朝更迭」呢？這個例子同樣是因為「靠戰爭(＊10)強奪寶座」。

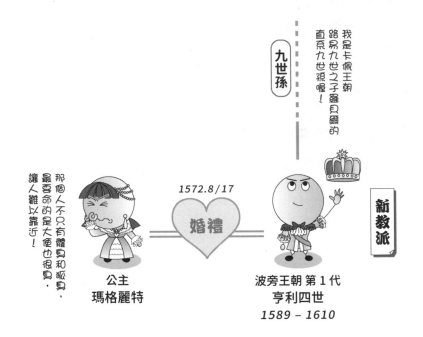

（＊10）即指「三亨利之戰」。胡格諾戰爭共可分為8次，其中「聖巴多羅買大屠殺」發生在「第3次」，「三亨利之戰」則發生在「第8次」。

第2章 法國的系譜

第5幕

國家即朕

波旁王朝（鼎盛期）

亨利四世之後的路易十三、路易十四都很穩定地父死子繼，但兩人剛登基時都是幼君，所以皆由太后垂簾聽政。

這種時候，國家的盛衰取決於國王能否奪回國政主導權。幸好兩人都成功從太后手中奪回政權，接下來法國便進入鼎盛期。

我才是國王！
我要擺脫母親的控制
正式親政！

波旁王朝 第2代
路易十三
1610－1643

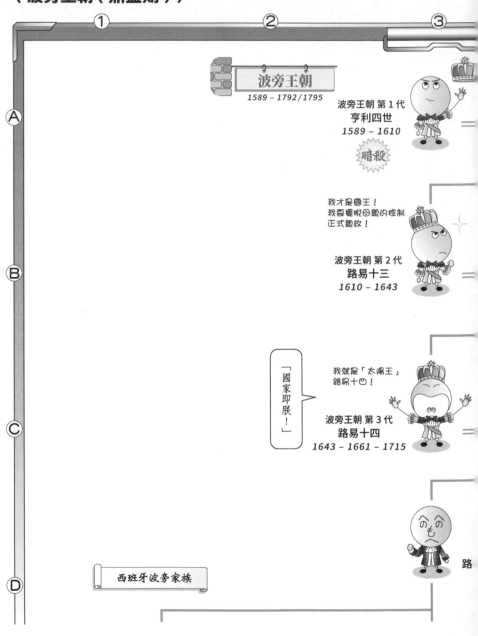

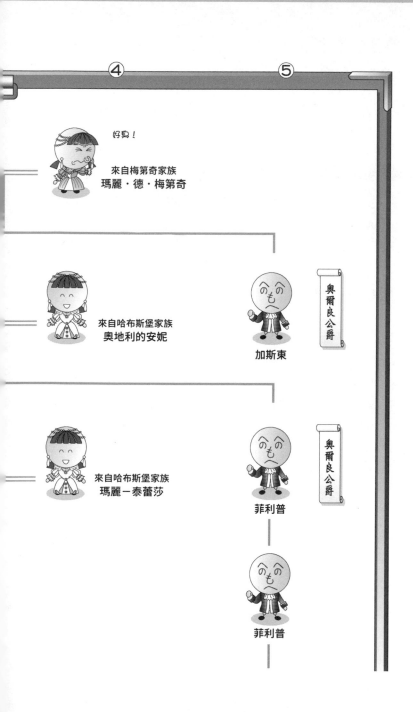

好臭！

來自梅第奇家族
瑪麗‧德‧梅第奇

來自哈布斯堡家族
奧地利的安妮

加斯東

奧爾良公爵

來自哈布斯堡家族
瑪麗－泰蕾莎

菲利普

奧爾良公爵

菲利普

就這樣，法國千年歷史中的鼎盛時期「波旁王朝（A-2）」終於揭開序幕。

法國在開啟波旁王朝的同時也確立了絕對主義，波旁王朝隨著絕對主義的發展而繁榮，亦隨著法蘭西絕對主義的瓦解而凋零。因此可以說，波旁王朝與絕對主義是密不可分、存亡與共的關係。

絕對主義體制的確立（波旁王朝第1代）

亨利四世（A-3）登基後不久，便從新教改宗為舊教，並頒布《南特詔書（Édit de Nantes）》，結束長達36年的「胡格諾戰爭」，為法蘭西帶來久違的和平。

孰是孰非，無人能知

這個世間發生的事，誰也不知道究竟是福是禍。

在亨利四世的介入下終於結束的「胡格諾戰爭」，或許確實是流了許多血的悽慘內亂。

不過，流了「許多血」的同時，也擠出了根植於社會各個角落的「膿（中世紀遺制）」，因此只要內亂一結束，法國就具備了邁入新時代（近世）的社會條件。

於是，波旁王朝不僅確立「絕對主義」，更成為「近世歐洲的霸權國家」。

日本也是如此，「太平洋戰爭」確實犧牲了許多國民，國土也化為焦土，但軍事部門也因此得以解體。

戰後至21世紀前半葉，世界發生了「遊戲規則的改變」，「軍事力量至上的時代（*01）」已經過去，接下來進入「國際輿論才是一切的時代」。

在這種新時代到來之際，日本成功將軍事力限縮到最小程度，並將國

（*01）即所謂的「帝國主義時代」。

序章　家系圖的基礎知識

第1章　英國的系譜

第2章　法國的系譜

第3章　神聖羅馬帝國的系譜

第4章　普奧的系譜

第5章　俄羅斯的系譜

第6章　丹挪希英的系譜

力集中在經濟上。

　　戰後，日本能達成「奇蹟般的經濟復興」，成為一度逼近美國的經濟大國也是出於這個緣故。

　　如果當時日本沒經歷那場決定性的敗仗，完全不可能靠自助與努力瓦解軍事部門，那麼到了21世紀的現在，日本肯定仍是像俄羅斯或北韓那樣的「貧窮軍事大國」而痛苦不堪。

　　怪不得常言道：「世間萬事，孰是孰非，無人能知。」

「卡佩奇蹟」再度發生

　　法國能夠在17世紀成為「近世歐洲的霸權國家」，當中的原因多元且複雜，大部分的相關書籍都是從政治、社會、經濟觀點來說明，這類常見的解說請各位自行參考其他書籍，至於本書畢竟是《用35張家系圖輕鬆解讀世界史》，若以這個觀點來看歷史便會發現其他書籍幾乎不談的「隱藏原因」。

　　那就是之前一再提及的「卡佩奇蹟」。

　　我們已在前面學過「王位繼承混亂，社會就會動亂，國家就會跟著衰退」。

　　反之亦然，「王位繼承穩定，國家也會穩定」。

　　波旁王朝不愧是卡佩的血脈，從開朝到法國大革命為止都十分穩定地「父死子繼[*02]」。

　　因此國內不會發生繼承之爭，如此才有辦法將國力全部用於對「外」擴張。

　　這成了波旁王朝的發展基礎。

與太后敵對（波旁王朝第2代）

　　雖然藉由調和新教與舊教來獲得國內的安定，但對此感到不滿的人也

（＊02）請把這裡的「父死子繼」當作包括「祖父傳位給孫子」、「曾祖父傳位給曾孫」的廣義概念。

很多，亨利四世因而時時面臨被暗殺的危機，最後終於在1610年遭狂熱的舊教徒刺殺身亡。

此時嫡長子路易才8歲，他的弟弟加斯東（Gaston）（B-5）才2歲。

最後由路易繼位為「路易十三（B-3）」，但8歲的國王根本沒辦法執政，因此太后瑪麗（Marie）[*03]（A-4）成為攝政。

其實，她跟亨利三世的母后凱薩琳有很多共同點。

例如，兩人都來自義大利的大富豪梅第奇家族[*03]，而法王只是為了她們的嫁妝才進行策略聯姻，此外就連丈夫死時孩子還很年幼這點也很相像。

立幼君，國傾頹

所以，瑪麗也跟凱薩琳一樣開始「垂簾聽政」，但如同前述，在政治上「頭銜與權力不相等」是混亂的溫床。

果不其然，起初政治一度陷入混亂，不過路易十三15歲時獲得黎希留公爵（Duc de Richelieu）的支持，將母親囚禁、放逐國外，努力取回實權，王權這才再度恢復穩定。

再度「垂簾聽政」（波旁王朝第3代攝政時期）

好不容易中止「垂簾聽政」取回王權，路易十三卻在1643年駕崩，享年41歲，於是法國再度立幼君（4歲）。

這位新王就是無人不知無人不曉的「太陽王（le Roi-Soleil）」路易十四（C-3）。

（＊03）因此，凱薩琳與瑪麗是遠親。

（＊04）即所謂的「投石黨之亂（Fronde）」，大致分為1648～1649年的「法院投石黨（Fronde parlementaire）」與1650～1653年的「貴族投石黨（Fronde des princes）」兩場戰役。順帶一提，「Fronde」是「投石器」的意思，因為最初暴動的巴黎市民是以投石器為武器而得名。

但是4歲的國王根本沒辦法執政，因此可以想見其母后安妮（Anne）（B-4）會成為攝政，透過「垂簾聽政」擾亂政治。

其實，路易十三生前曾經在病榻上囑咐過，要限制攝政的權力以免發生這種情況，但路易十三駕崩之後，安妮便立刻取消這個限制，親自掌握實權。

結果，政局果真變得不穩定，1648年法國發生大規模暴動(＊04)，攝政安妮與國王路易十四被逐出巴黎，被迫過著輾轉於各地的逃亡生活。

「國家即朕！」（波旁王朝第3代親政時期）

在宰相朱爾・馬薩林（Jules Mazarin）的努力下，暴動好不容易才鎮壓下來（1653年），不久馬薩林也去世了（1661年），之後歷史就迅速地動了起來。

此前的路易十四過著徒有「國王」頭銜，母親與她的情夫(＊05)壓在自己頭上操弄政治的日子。

因此馬薩林去世後，路易十四便趁這個機會正式宣布「不任命下任宰相」，而且他不只將想繼續干政的太后逐出政界開始親政，還壓制高等法院這個限制王權的機關。

「國家即朕！」

我就是「太陽王」路易十四！

波旁王朝 第3代
路易十四
1643 - 1661 - 1715

（＊05）即馬薩林。據說馬薩林是太后安妮的情夫，兩人還祕密結婚。

序章　家系圖的基礎知識

第1章　英國的系譜

第2章　法國的系譜

第3章　神聖羅馬帝國的系譜

第4章　普奧的系譜

第5章　俄羅斯的系譜

第6章　丹挪希英的系譜

順帶一提，當時為了令高等法院閉嘴，不讓其提出異議，路易十四說了一句經典名言：「國家即朕（＊06）（C-2）。」

此後路易十四便統治法蘭西超過半個世紀，並使國家達到鼎盛。

鼎盛時期的國王是明君？

話說回來，很多人都誤以為「鼎盛時期的君主＝明君」，其實鼎盛時期的君主大多是平庸之君（＊07）。

政治本來就很少有立竿見影這回事，有時要等上幾十年政策效果才會出現。

織田搗，羽柴揉，
德川坐吃天下糕

這首和歌是比喻德川享受信長與秀吉打下的天下，即便「明君施行善政」，也要等到「下任君主」以後才會出現成果、才能享受這顆果實，屆時這位君主就會成為「鼎盛時期的君主」而出名。

如果這位「下任君主」是一位「明君」，國家就會繼續發展壯大，於是「鼎盛時期的君主」稱號又會再讓給「下任君主」（＊08）。

在這一代「達到鼎盛」，即代表自這位君主以後就開始「走下坡」，很多時候造成國家衰退的元凶反而是「鼎盛時期的君主」。

楓丹白露敕令（波旁王朝第3代親政時期）

路易十四可說是典型例子。

他盡情地花用由亨利四世打下基礎、由路易十三努力發展而來的國家遺產。

（＊06）一般習慣譯為「朕即國家」，但原文「L'État（國家），c'est（那就是）moi（我）」為倒裝句，故翻譯成「國家即朕」比較接近原意。

（＊07）不過，如果是「第1代君主」就不在此限。這裡說的是大約第3代以後的鼎盛期君主。

序章 家系圖的基礎知識

第1章 英國的系譜

第2章 法國的系譜

第3章 神聖羅馬帝國的系譜

第4章 普奧的系譜

第5章 俄羅斯的系譜

第6章 丹挪希英的系譜

路易十四一再對外發動擴張戰爭[＊09]，但說到像樣的成果，頂多是成功讓自己的孫子（菲利佩五世）（下一幕D/E-1）坐上西班牙國王的寶座（西班牙王位繼承戰爭），其他戰爭都是慘敗收場，白白浪費了龐大的軍事費用，對內則建造極盡奢侈的凡爾賽宮，敗壞國家財政。

不過，還有比這些更嚴重的失誤，那就是廢除了波旁王朝的發展基礎《南特詔書》[＊10]。

說到底，絕對主義的經濟基礎是由「重商主義」支持，只要重商主義順利運作，絕對主義就安穩無憂，但當重商主義不再運作時，失去支持的絕對主義就會轟然瓦解。

而支撐法國重商主義的階層，正是那些新教徒。

身為法蘭西國王，本該苦心思索如何讓這些新教徒能安心生活，但坐享繁榮的路易十四卻連這點都不懂，竟然開始鎮壓他們。

居安思危

這句成語是在提醒世人「即使處於安樂之時，也必須時時想到可能發生的危險，每天都要繃緊神經過日子」，不過平凡的愚者是很難做到這件事的。

正因為如此，辦得到的人才會被稱為「明君」。

失去「安居之地」的新教徒全拋棄祖國逃亡到國外，因此法國隨即發生產業空洞化，國家經濟搖搖欲墜。

不僅一再發動大戰，還把錢揮霍在王宮建築上，最後甚至把支撐經濟

（＊08）舉例來說，中國清朝從第1代皇帝努爾哈赤到第5代皇帝雍正全都是「明君」，但因為帝國是在這些明君統治的期間不斷發展壯大，故他們沒獲得「鼎盛時期的皇帝」稱號，享有此稱號的反而是平庸之君（第6代皇帝乾隆）。

（＊09）光是主要的戰爭，就有遺產繼承戰爭、法荷戰爭、大同盟戰爭、西班牙王位繼承戰爭、威廉王之戰、安妮女王戰爭等等。

（＊10）即1685年的《楓丹白露敕令（Édit de Fontainebleau）》。

的新教徒趕走，導致國民怨聲載道，據說路易十四駕崩時，國民還歡天喜地大喊：「暴君終於死了！」

一個人死了能讓眾人那麼開心也是很稀奇的事。

好臭！

第2章 法國的系譜

第6幕

我死之後，洪水滔天

波旁王朝（衰退期）

從路易十四開始，法國便逐漸走下坡。雖然路易十五這代還勉強撐得住，但他的情婦龐巴度夫人已有「革命的預感」。這顆炸彈直到路易十六的時代才真正爆發。最後他被迫一肩扛起路易十四與路易十五留下的爛攤子。

「我為了莫須有的罪名而死。不過，我會原諒所有致我於死的人！」

波旁王朝 第5代
路易十六
1774－1792

〈波旁王朝（衰退期）〉

波旁王朝在我這代分家，
入主西班牙！

波旁王朝 第 1 代
菲利佩五世
1700 – 1724

九世孫

而且因為西班牙從卡佩王朝的
始祖雨果・卡佩傳承至今，
一次都沒斷過！

到了21世紀的現在
波旁王朝依然存在！

波旁王朝 第 11 代
菲利佩六世
2014 – Today

既然當上絕對主義君主，
我要拚命打對外擴張戰爭，
也想追求美色、穿盡奢侈，
應該沒關係吧？

被迫收拾爛攤子的
路易十六

路易

路易

「我為了莫須有的罪名而
死。不過，我會原諒所有
致我於死的人！」

來自哈布斯堡家族
瑪麗・安東妮

波旁王朝 第 5 代
路易十六
1774 – 1792

波旁王朝 第 7 代
路易十八
1814 – 1824

即位時
8 歲

波旁王朝 第 6 代
路易十七
1793 – 1795

法國大革命
1789 – 1799

拿破崙戰爭
1799 – 1815

E

F

G

H

① ② ③

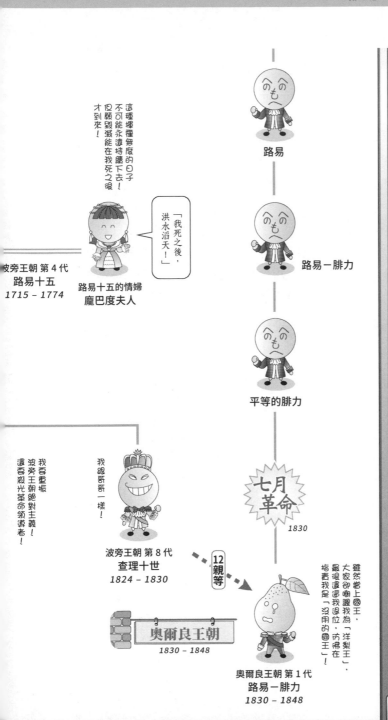

波旁王朝 第4代
路易十五
1715 – 1774

路易十五的情婦
龐巴度夫人

「我死之後，
洪水滔天！」

這種揮霍無度的日子
不可能永遠持續下去！
但願毀滅能在我死之後
才到來！

路易

路易－腓力

平等的腓力

**七月
革命**
1830

波旁王朝 第8代
查理十世
1824 – 1830

我跟哥哥一樣！

我比哥哥更
激進波旁王朝
絕對主義！
還要殺光革命
領導者！

12
親等

奧爾良王朝
1830 – 1848

雖然當上國王，
大家卻嘲諷我為「洋梨王」。
最後還逼迫我退位，於甚至
指著我是「沒用的國王」！

奧爾良王朝 第1代
路易－腓力
1830 – 1848

④　⑤

路易十四是史上在位時間最長的君主，由於他太長壽了，駕崩時王太子（D-3）與王太孫（D/E-3）早已去世，因此繼位的是他的曾孫「路易十五（E/F-3/4）」。

毀滅的預感（波旁王朝第4代）

見過路易十四榮華盛世的路易十五，同樣追隨曾祖父的腳步熱中於對外擴張，私生活則極度靡爛放蕩，使得原本就出現危機的國家財政更加敗壞（＊01）。

對於路易十五揮霍無度的行徑，據說他的情婦龐巴度夫人（Madame de Pompadour）（E/F-4）曾經感嘆：「我死之後，洪水滔天！（Après moi, le déluge.）」就連完全不懂政治的情婦都覺得「這種異常靡爛的生活不可能持續太久」，所以才會祈禱「就算不久的將來會發生『大洪水（革命）』，我只希望這件事能在自己死後才發生」。

既然當上絕對主義君主，我要拚命打對外擴張戰爭，也想追求美色、享盡奢侈，應該沒關係吧？

波旁王朝 第4代
路易十五
1715 – 1774

這種揮霍無度的日子不可能永遠持續下去！但願毀滅能在我死之後才到來！

「我死之後，洪水滔天！」

路易十五的情婦
龐巴度夫人

（＊01）他在位期間發生了5次違約（債務不履行）。

144

路易十五執政如此荒腔走板，簡直前所未聞，被迫收拾這個爛攤子的是下一代國王「路易十六（G-2）」。

生錯時代的君主（波旁王朝第5代）

路易十五罹患天花而病逝時，王太子（F-3）早已去世，王儲是他的孫子路易－奧古斯特。

他被當成與哈布斯堡家族策略聯姻的工具，懂事前就與哈布斯堡的千金訂婚，那位未婚妻正是瑪麗・安東妮（Marie-Antoinette）（G-1）。

1770年，才15歲與14歲的兩人在凡爾賽宮舉行盛大的婚禮，不過說來奇怪，婚禮前幾天分明都是晴天，到了婚禮當天卻是狂風暴雨，彷彿在暗示兩人的未來。

4年後路易十五就駕崩了，路易－奧古斯特即位為「路易十六」時才19歲。

路易十六是個溫厚善良的人，但他的政治手腕與精神力卻完全不足以克服緊接而來的「暴風雨」。

清平之奸賊，亂世之英雄

這裡說個題外話，中國東漢末年有個人叫做許劭（子將）[*02]。

據說許劭曾在曹操（孟德）尚未成為魏王的年輕時期，給予他這樣的評價：「若在太平之世，你就是個大壞蛋，但在動亂之世，你就是個英雄[*03]。」

這句話要表達的意思是「所處環境不同時，人能發揮的能力就全然不同，獲得的評價也不一樣」。

君主也一樣，君主有「太平型君主」與「亂世型君主」之分，即便都

（*02）當時著名的人物評論家，據說他算命很準。順帶一提，人名後面的括號是此人的字。

（*03）出自《後漢書・許劭傳》。《三國志・武帝紀》裴注之注引《異同雜語》則作「治世之能臣，亂世之奸雄」，不知何者才正確。

是同一個人，評價也會因環境而異：

· 「太平型君主」若是生在太平之世就是「仁君」，若是生在亂世就是「愚君」。

· 「亂世型君主」若是生在太平之世就是「暴君」，若是生在亂世就是「明君」。

路易十六就是屬於典型的「太平型君主」，如果他生在路易十四、路易十五的時代，或許會是受國民愛戴的「善良國王」，後世也會讚譽他為「明君」，然而不幸的是，他登基在「亂世的暴風雨來臨前夕」。

路易十六很快就被時代的洪流吞沒，死在斷頭臺上。

革命政府與英雄（羅伯斯比與拿破崙）

於是這個國家改由犯下「弒君之罪」的革命政府掌舵，但即便得意地自稱為「革命政府」，他們終究只是一個政治外行人集團。

矯枝散花，矯角殺牛^{（＊04）}

外行人插手需要專業知識的事，只會讓事態更加惡化，往往不會有好結果。

政治就是典型的例子，這實在不是外行人能碰的東西，然而這個外行人集團卻插手革命，轉眼間就破壞歐洲外交並掀起席捲全歐洲的戰爭，在國內則導致經濟出現問題，使社會陷入嚴重的混亂，最後這個集團開始拆夥、內鬨，甚至互相殘殺而自取滅亡。

梟雄拿破崙·波拿巴就是在此混亂中崛起，但他在歐洲大鬧一場後，國民之間再度興起懷古幽情。

——與其變成這種時代，還不如回到波旁王朝的時代！

（＊04）比喻硬要改正小缺點，結果反而毀了整體。在這裡是指「外行人若是做了不必要的事，反而會造成無法挽回的嚴重錯誤」。順帶一提，「矯」是把彎曲的東西弄直，或是改正的意思。

於是，經歷革命時代、拿破崙時代這段長達四分之一世紀的動盪時代後，法蘭西人最後選擇的是「恢復波旁王朝」。

用大富翁遊戲來比喻的話，就是繞了一圈後在終點前「回到起點」。

反動政治後的滅亡（波旁王朝第7～8代）

獲選為新王的是路易十六的弟弟，他即位為「路易十八（G-3）」。

法國大革命爆發後，革命政府變得越來越激進，他覺得自己有生命危險而逃到國外，之後輾轉於各國過著逃亡生活，經過四分之一世紀的時間才終於坐上寶座。他想重建路易十四時代的「古老而美好的絕對主義」，於是開始推行反動政治。

但是過了多年逃亡生活的他，登基時已經超過58歲，在位時間不長，只有10年，他駕崩後由弟弟繼位。

這位新王就是「查理十世（G-4）」。

不過，他也承襲哥哥的政策堅決推行反動政治，法蘭西人民再也忍不下去，爆發的怒火終於在1830年演變成「七月革命（G-5）」，最後查理十世被趕下寶座。

波旁王朝？奧爾良王朝？（路易－腓力）

革命派將查理十世趕下台後，推舉路易－腓力（H-5）這位開明的人物成為新王。

他正是「七月王朝（＊05）」的國王路易－腓力（Louis-Philippe）。

不過，路易－腓力的「歷史定位」有點複雜。他是從路易十四分出來的旁支「奧爾良家族（C-5）」的成員，因此大部分的說明都是根據這點將他定位為「奧爾良王朝第1代」，然而觀察家系圖卻發現，他與查理十世雖然相隔12親等（G/H-4/5），不過他確實是「有男系血緣關係的親屬」，故實際上王朝並未更迭。

（＊05）因為是靠七月革命建立的王朝，故俗稱為「七月王朝」。

序章　家系圖的基礎知識

第1章　英國的系譜

第2章　法國的系譜

第3章　神聖羅馬帝國的系譜

第4章　普奧的系譜

第5章　俄羅斯的系譜

第6章　丹挪希英的系譜

因此可以說，寫成「波旁王朝第9代」才是正確的，但我們在前面也學過「靠『武力（＊06）奪取王位」，習慣上會視為『王朝更迭』」。

　　這次是透過「七月革命」這場武力革命趕走前任國王讓新王即位，因此通常會將新王的王朝稱為「奧爾良王朝」以作區別。

　　可是，若視為「奧爾良王朝」，這裡又會出現一個問題：這個王朝是僅只路易－腓力這代就滅亡的「一代王朝」。

　　我們在前面學過，「歐洲習慣將『一代王朝』併入之前或之後關聯較深的王朝」，因此路易－腓力還是可以視為「波旁王朝第9代」。

王位繼承之亂是王權弱化的象徵

　　因為上述緣故，要將他視為「波旁王朝」還是「奧爾良王朝」取決於「解釋」，無論如何，我們可從這裡看出波旁王朝的王位繼承很混亂。

　　自亨利四世開朝以來，王位一直是「父死子繼」，法國大革命之後就變成橫向的「兄終弟及」，最後則傳給了「12親等的遠親」。

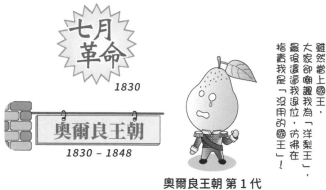

七月革命
1830

奧爾良王朝
1830－1848

奧爾良王朝 第1代
路易－腓力
1830－1848

雖然當上國王，大家卻嘲諷我為「洋梨王」，最後還逼逼我退位，彷彿在指責我是「沒用的國王」！

當王位一直是「父死子繼」時，這個王朝就安定太平，繼承混亂時王朝就會弱化。

當時法蘭西國民對於波旁王朝寄予期待，給了好幾次機會，但是路易十八、查理十世、路易－腓力這3代國王卻只是一再推行反動政治。

有亂君，無亂國[＊07]

這句話的意思是「國家動盪不安時，必定有搞亂國家的君主」。事情到了這個地步，法蘭西國民終於對王室感到厭惡，轉而走向「共和制」。

於是，路易－腓力就成了「法蘭西末代國王」。

「卡佩奇蹟」仍然存在

本章帶大家以家系圖觀點來看法國史，對比發生了十幾次王朝更迭的英國，法國王室的男系一次都沒斷過。

換句話說，若從學術觀點來看，法國的王朝從始祖雨果・卡佩開始到最後的路易－腓力為止都是「同一個王朝」，每位國王都有男系血緣關係（＊08）。

但是。

從末代的路易－腓力到現在為止，再也沒有具備卡佩血統的人成為法蘭西國王，難道擁有「千年歷史」的卡佩血統終於在這裡滅絕了嗎——其實，「卡佩家族」還存在。

請各位回想一下。

路易十四曾透過「西班牙王位繼承戰爭」，成功讓自己的孫子當上西班牙國王（D/E-1）。

（＊07）出自《荀子・君道》第十二。

（＊08）例如死於「革命」的路易十六，自從他因為「八月十日事件」而被革命軍囚禁在聖殿塔後，人們就改稱他為「路易・卡佩」。這件事即證明了他是從「雨果・卡佩」一路傳來的男系血脈。

其實，從當時分家出去的菲利佩五世（Felipe V）算起一直到現在，雖然中間曾經斷過，不過現任西班牙國王就是「波旁王朝第11代」的菲利佩六世（F-1）。

在邁入21世紀的現在，「卡佩奇蹟」依然存在。

到了21世紀的現在
波旁王朝依然存在！

而且男系血脈從卡佩王朝的始祖雨果・卡佩傳承至今，一次都沒斷過！

波旁王朝 第11代
菲利佩六世
2014 – Today

第3章 神聖羅馬帝國的系譜

第1幕

重視實力更勝血緣的德意志

法蘭肯王朝～薩克森王朝

王朝的更迭方式也反映出各民族的特性。

法國是「只由男系親屬繼承」，因此1000年來都不曾改朝換代，英國是「女系親屬也可繼承」，故王朝至今更迭過十幾次。至於德國則是「重視實力」，因此改朝換代的頻率比英國還高。

鄂圖大帝加晃

神聖羅馬帝國

800/962－1648/1806

我是歷史長達884年的神聖羅馬帝國第1代皇帝！

薩克森王朝 第2代
鄂圖一世
936－973

〈 法蘭肯王朝～薩克森王朝 〉

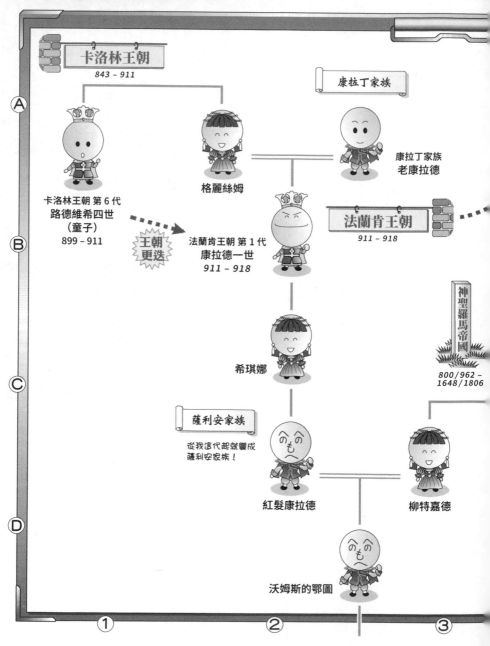

卡洛林王朝
843 – 911

康拉丁家族

康拉丁家族
老康拉德

格麗絲姆

卡洛林王朝 第6代
路德維希四世
（童子）
899 – 911

王朝更迭

法蘭肯王朝 第1代
康拉德一世
911 – 918

法蘭肯王朝
911 – 918

神聖羅馬帝國

*800 / 962 –
1648 / 1806*

希琪娜

薩利安家族

從我這代起就變成
薩利安家族！

紅髮康拉德

柳特嘉德

沃姆斯的鄂圖

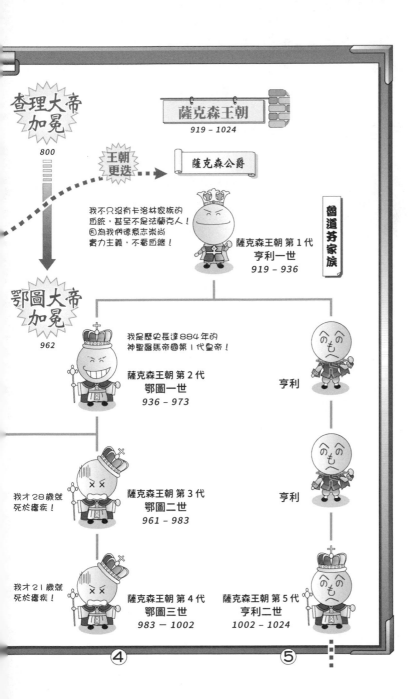

序章　家系圖的基礎知識

第 1 章　英國的系譜

第 2 章　法國的系譜

第 3 章　神聖羅馬帝國的系譜

第 4 章　普奧的系譜

第 5 章　俄羅斯的系譜

第 6 章　丹挪希英的系譜

如 同前述，法蘭克王國誕生於中世紀早期，之後查理大帝受當時的教宗利奧三世加冕，獲得「西羅馬帝國皇帝」的頭銜（A-3/4）。

上一章看的是從「查理大帝的帝國」分裂出來，位於西邊的「法蘭西王國」歷史，本章就來看看位於東邊的「德意志王國」。

卡洛林家族的絕滅（卡洛林王朝第6代）

從「查理大帝的帝國」分裂出來的德意志也跟法蘭西一樣，剛分裂時都是「卡洛林王朝（A-1）」，不過到了10世紀時王朝已經弱化，五大公爵（法蘭肯公爵、薩克森公爵（A-4/5）、巴伐利亞公爵、施瓦本公爵、洛塔林吉亞公爵）勢力龐大，當時的國王路德維希四世（Ludwig IV. das Kind）（A/B-1）卻是幼君。

拿日本來比喻的話，五大公爵就類似「豐臣秀吉死後輔佐幼君[*01]秀賴的五大老」，這樣一比較就不難推測「這個王朝也跟豐臣政權一樣沒有未來」。

那麼，豐臣政權後來有什麼樣的發展呢？野心勃勃的五大老之首德川家康將自己的孫女（千姬）嫁給秀賴，跟主公家聯姻。

歷史總是一再重演[*02]。

當時的德意志也是如此，五大公爵之首法蘭肯公爵老康拉德（Konrad der Ältere）（A/B-2/3）娶了路德維希四世的姊姊格麗絲姆（Glismut）（A/B-2），兩家結為親家。

之後，路德維希四世於911年無嗣早逝（得年17歲），卡洛林王朝終於絕滅[*03]。

這時便發生德國史上第一次的「王朝更迭」。

那麼，德國是按什麼方針來決定新王朝的呢？

（＊01）秀賴繼承豐田家時，虛歲6歲，實歲5歲。

（＊02）不過，家康的時代比較晚就是了。

德式王位繼承法

如同前面所見，王朝斷絕時「以末代國王為起點，從親屬當中挑選出繼承人」這一基本原則各國都相同，不過採行的方針則各有各的「國家特色」。

百里不同風，千里不同俗

其中條件最嚴格的是法國，「只限男系親屬繼承（《薩利克法》）」，因此 1000 多年以來王朝都不曾更迭過。

反觀英國是「基本上以男系親屬為優先，不過視情況也不排斥女系親屬繼承」，條件比法國寬鬆，因此經常改朝換代。

不過從盎格魯－撒克遜王朝到現在的溫莎王朝，王室基本上都有「血緣」關係。

但是，德國的狀況就不同了。

跟英法相比，德國反而崇尚「實力主義」，「基本上尊重血緣，但以選舉及實力為優先」，因此選出與前一個王朝毫無血緣關係的下任國王也不稀奇。

由於這個緣故，德國的王朝不僅更迭得比英國還要頻繁，也常有血緣斷絕的情況。

──前車覆，後車戒。

以這些歷史作為「他山之石」便不難理解，日本若要避免重蹈英、德的覆轍，就絕對不能變更《皇室典範》中「皇位繼承資格為具備皇統（天皇血統）的男系男丁」這項規定。

（＊03）豐臣秀賴也是才 23 歲就自盡，豐臣家因而絕嗣。雖然秀賴有側室所生的兒子「國松」，但他也在秀賴死後過了 2 週就被斬首。

德國首次的王朝更迭（法蘭肯王朝）

本來若按前述的基本原則，「當德意志卡洛林家族的血脈斷絕時，接著就從法蘭西卡洛林家族或義大利卡洛林家族推舉國王」，但在崇尚實力主義的德意志，「有實力者」要優先於「卡洛林家族的血脈」，因此最後便推舉德意志五大公爵之首康拉德繼位。

他即位為「康拉德一世（B-2）」。

雖然康拉德一世與卡洛林家族有血緣關係，但他與前任國王之間隔著女性，即所謂的「女系國王」，所以王朝在此更迭，之後就改稱為「法蘭肯（Franken）王朝（＊04）（B-2/3）」。

不過，康拉德一世在位只有短短7年，而且死後並未留下男嗣，故這個王朝成了「一代王朝」。

從東法蘭克王國到德意志王國（薩克森王朝第1代）

因此，康拉德一世駕崩後就召開諸侯會議，再度從五大公爵中選出新王，這次是由當時成為五大公爵之首的薩克森公爵亨利（Heinrich，或譯為海因里希）繼位。

他即位為「薩克森王朝第1代國王亨利一世（B-4/5）」，但他不僅與「卡洛林家族」沒有任何血緣關係，甚至也不是法蘭克人，正確來說他是查理大帝時代被法蘭克王國併吞的「異族（薩克森人）」。

既然登上王位的人根本就不是法蘭克人，稱這個國家為「東法蘭克王國」顯然不太妥當，故從此以後這個國家就改稱為「德意志王國」（＊05）。

（＊04）或按家族名稱（康拉丁家族）稱為「康拉丁（Konradiner）王朝」。

（＊05）實際上改稱為「德意志王國」是300年後的事，但因為「德意志王國」的起源可追溯到這個時期，後世的人便以這個時期為起點稱之為「德意志王國」。不過，「東法蘭克王國」與「德意志王國」的分界模糊不清，眾說紛紜（有911年、919年、936年、962年等版本）。

序章　家系圖的基礎知識

第1章　英國的系譜

第2章　法國的系譜

第3章　神聖羅馬帝國的系譜

第4章　普奧的系譜

第5章　俄羅斯的系譜

第6章　丹挪希英的系譜

從德意志王國到神聖羅馬帝國（薩克森王朝第2代）

薩克森王朝自亨利一世之後，王位暫時都是父死子繼。

如同之前學過的，王位繼承穩定時國內大多也穩定，而國力自然就會向「外」擴展。

正好當時來自王國東方的馬扎爾人（Magyars）侵掠頻率逐年增加，「鄂圖一世（Otto I）（B／C-4）」繼承父王亨利一世的王位後就在萊希菲爾德（Lechfeld）擊退他們[＊06]，這場戰役使他成為「驅逐異教徒保護基督教世界的聖戰士」，在西歐世界受到矚目。

當時的羅馬教宗若望十二世（Ioannes XII）耳聞他的盛名，決定選擇鄂圖一世擔任自己的保護者。

因為當時的義大利情勢其實極為混亂，若望十二世正為此大傷腦筋。

魚幫水，水幫魚

無論是人、組織還是國家，都是藉由與他人合作來互相彌補自己的不足之處，好讓自己能夠繼續前進。

教宗有「權威」但無武力，鄂圖一世有武力但無「權威」。

因此雙方很快就越走越近，鄂圖一世接到教宗的救援請求後隨即平定義大利，事後教宗為了拉攏這位可靠的「聖戰士」，便將當時空懸的「羅馬皇冠」授予鄂圖一世。

這件事通常被視為「神聖羅馬帝國（B／C-3）成立之始」[＊07]。

於是，鄂圖一世有教宗作為後盾，國家變得容易經營，而教宗有了鄂圖一世這位保護者後便能高枕無憂，兩者維持了好一陣子的蜜月期。

（＊06）即955年的萊希菲爾德之戰。

（＊07）一般是將962年的「鄂圖大帝加冕（B-3／4）」視為「神聖羅馬帝國成立之始」，不過鄂圖大帝獲得的皇冠，最早可追溯至查理大帝獲得的那頂皇冠，因此也有一種看法是將800年的「查理大帝加冕（A-3／4）」視為「神聖羅馬帝國成立之始」。

薩克森王朝斷絕（薩克森王朝第3～5代）

　　鄂圖大帝之後的鄂圖二世（C/D-4）、鄂圖三世（D-4）都是「父死子繼」，不過鄂圖二世28歲就駕崩，鄂圖三世則是21歲駕崩[*08]，因此直系終於絕嗣，由鄂圖三世的再從兄亨利二世（D-5）繼位。

　　他是男系親屬，因此這時不算「王朝更迭」，但說來奇怪，當父死子繼的繼承模式再度被打亂時，這個王朝就離斷絕不遠了。

　　果不其然，亨利二世成了最後一代國王，薩克森王朝也斷絕，德意志再度舉行國王選舉。

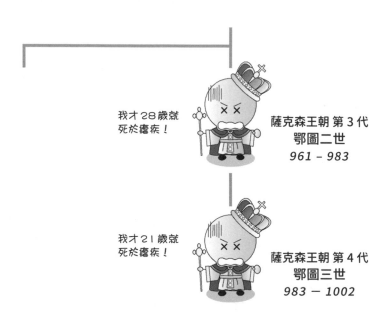

我才28歲就死於瘧疾！

薩克森王朝 第3代
鄂圖二世
961 – 983

我才21歲就死於瘧疾！

薩克森王朝 第4代
鄂圖三世
983 – 1002

（＊08）據說兩人都死於瘧疾，不過也有一說是遭到暗殺。

第3章 神聖羅馬帝國的系譜

第2幕

神聖羅馬帝國的完成

薩利安王朝

一如「織田搗，羽柴揉，德川坐吃天下糕」這首和歌的意思，大業並非一朝一夕就能完成。

「神聖羅馬帝國」也一樣。

由查理大帝搗米、鄂圖大帝揉捏的神聖羅馬帝國，到了薩利安王朝才終於變成了「年糕」。

薩利安王朝

1024 – 1125

是我讓神聖羅馬帝國
得以永續化喔！
快稱讚我吧！

**薩利安王朝 第1代
康拉德二世**
1024 – 1039

〈 薩利安王朝 〉

薩利安王朝
1024 – 1125

亨利

是我讓神聖羅馬帝國
得以永續化喔！
快稱讚我吧！

薩利安王朝 第 1 代
康拉德二世
1024 – 1039

薩利安王朝 第 2 代
亨利三世
1039 – 1056

好吧！
這次就饒過你了！
可別再違逆我啦！

哈哈哈哈哈哈！

羅馬教宗 第 157 代
額我略七世
1073 – 1085

卡諾莎之辱

1077.1

對不起，
請原諒我……

無冕

白衣

薩利安王朝 第 3 代
亨利四世
1056 – 1105

赤腳

我的子孫
開啟了下一個王朝！

阿格尼絲

可惡！
圍圍一個世界……

A

B

C

D

①　②　③

序章　家系圖的基礎知識

第 1 章　英國的系譜

第 2 章　法國的系譜

第 3 章　神聖羅馬帝國的系譜

第 4 章　普奧的系譜

第 5 章　俄羅斯的系譜

第 6 章　丹挪希英的系譜

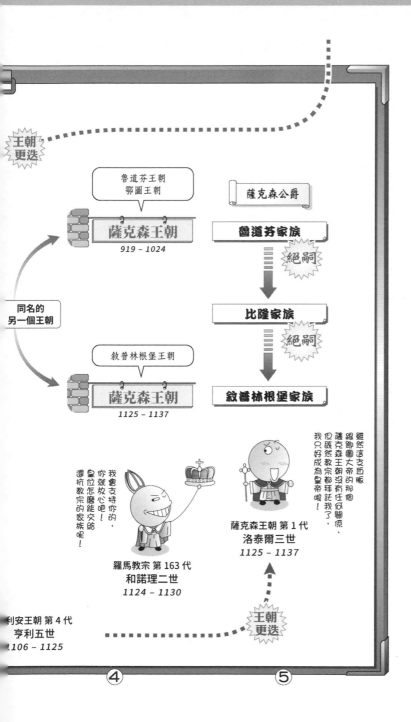

王朝
更迭

魯道芬王朝
鄂圖王朝

薩克森王朝
919 – 1024

薩克森公爵

魯道芬家族

絕嗣

比隆家族

絕嗣

敍普林根堡家族

同名的
另一個王朝

敍普林根堡王朝

薩克森王朝
1125 – 1137

雖然這支匹敵
鄂圖大帝的那個
薩克森王朝沒有任何關係，
但既然教宗都拜託找了，
我只好成為皇帝吧！

薩克森王朝 第 1 代
洛泰爾三世
1125 – 1137

我會支持你的，
你就放心吧！
皇位怎麼能交給
違抗教宗的家族呢！

羅馬教宗 第 163 代
和諾理二世
1124 – 1130

利安王朝 第 4 代
亨利五世
1106 – 1125

王朝
更迭

④　　　⑤

雖然上一個王朝誕下了「神聖羅馬帝國」，但能否真的「永遠存續」還是未知數。

儘管「神聖羅馬帝國」最終存在了844年，直到1806年才滅亡，不過當時大概作夢也沒有想到會存續這麼久，況且「神聖羅馬帝國」的「前身」——查理大帝在800年加冕後成立的「帝國」，還來不及取名字就瓦解了。

這次也不敢說不會重蹈覆轍。

因此這次的王朝更迭就成了「神聖羅馬帝國」能否永遠存續的「試金石」。

神聖羅馬帝國的穩固（薩利安王朝第1代）

由於薩克森王朝絕嗣，德意志再度召開「諸侯會議」，這次選出的新國王是薩利安家族的康拉德。

王朝名號若取自家名就稱為「薩利安（Salier）王朝」，由於在血緣上康拉德是擁有法蘭肯王朝（康拉丁家族）血統的女系親屬[＊01]，故又稱為「法蘭肯－薩利安王朝」。

即位為「德意志國王[＊02]」的康拉德二世為了讓「神聖羅馬帝國」永遠存續下去，於是遠征義大利兼任「義大利國王」，並且受當時的羅馬教宗若望十九世加冕（1027年）。

「即使王朝更迭，『帝國』仍繼續傳承下去的『前例』」就這樣誕生了，到了這個階段，神聖羅馬帝國可以說終於成為一個「持續的帝國」。

· 查理大帝在800年產下神聖羅馬帝國的「蛋」

· 鄂圖大帝在962年孵出「雛雞」

· 康拉德二世在1027年讓牠換羽長成「成雞」

　　……我們可以這樣形容這段過程，只要欠缺這三人當中的某一人，擁

（＊01）康拉德二世的曾祖父是法蘭肯王朝康拉德一世的外孫，曾祖母則是薩克森王朝鄂圖大帝的女兒，故擁有上一個王朝與上上一個王朝兩家的血統。

（＊02）現代的通稱，當時則稱為「羅馬人的國王」。

有千年歷史的「神聖羅馬帝國」就不會誕生了吧。

聖職敘任權鬥爭（薩利安王朝第3代）

康拉德二世駕崩之後，王位仍舊是父死子繼，但孫子亨利四世即位時才6歲。

立幼君時，即是情勢不穩之時。

果不其然，亨利四世登基後不久，藐視幼君的諸侯便開始在檯面下活動，他因而度過艱困的少年時代，成年開始親政後，他的統治還是一樣不穩定。

雪上加霜的是，亨利四世還遇到了「足以動搖帝國的大問題」。

事情起因於1073年，額我略七世成為羅馬教宗。

他努力革新當時腐敗到極點的教會組織，而其中一環就是提出「禁止世俗之人（皇帝）行使聖職敘任權[*03]」。

其實從查理大帝的時代開始，教宗就默許「皇帝」得以行使「聖職敘任權」。

擁有「聖職敘任權」的只有教宗一人，但當時教宗的勢力還很弱小，所以才需要依靠皇帝的政治力量。

世間本無常

到了鄂圖大帝的時代，這件事變成了一項制度[*04]，此後歷代皇帝都能繼承敘任權，彷彿這是他們「應有的權利」，但隨著時代變遷，教宗的勢力越來越強，不再需要皇帝的幫助後，狀況就有了改變。

額我略七世成為教宗後隨即表示：「聖職敘任權本來就只屬於教宗，怎麼能讓『世俗之人（皇帝）』行使！」並且下令禁止皇帝行使此權利。

（＊03）任命教會或修道院負責人（主教或修道院院長等）的權利。若前後文可明確看出是指「聖職敘任權」，有時也會簡稱為「敘任權」。

（＊04）該制度稱為「帝國教會體制（Reichskirchensystem）」。

可是，當時的皇帝還需要「聖職敘任權」，亨利四世不滿地認為：「怎麼能讓教宗剝奪歷代皇帝都行使過的『應有權利』！」最後雙方就確定撕破臉了。

這即是著名的「（聖職）敘任權鬥爭」。

亨利四世宣布「廢黜教宗」，額我略七世則是宣布「對皇帝處以破門律」，雙方的對立因而加深，但情勢對亨利四世相當不利。

卡諾莎之辱（薩利安王朝第3代）

如同前述，當時德意志的政治很不穩定，德意志諸侯就像是抓到機會般站在教宗這邊，群起反抗亨利四世，轉眼間亨利四世就面臨四面楚歌的困境了。

活下來才能成功

上面這句話改寫自「肯犧牲才能成功」這句日本諺語，不過原句是指只要拚了命地努力就會出現一絲光明的情況，而在完全沒有活路的狀況下「犧牲」只是白死而已。

對有生命的物種而言，凡事「不顧一切往前衝」並非明智之舉，有時要做的不是「犧牲」，而是拋棄「自尊」並且「退一步」，這點很重要。

因為就算這次失敗了，下次再贏回來就好。

當時的亨利四世就是如此。

遭到諸侯叛離，轉眼間陷入困境的亨利四世已經束手無策。

繼續一意孤行，等著他的只有「死」而已。

現在就算得向可恨的教宗低頭道歉，也要先讓自己活下來，力圖東山再起。

（＊05）翻開歷史類書籍，經常會看到「在大雪紛飛的天氣中，亨利四世沒戴冠冕，身穿白衣，赤腳在城門前站了三天三夜，請求教宗原諒」這樣的敘述，但那是後世捏造的故事。其實稍微想一下就知道，哪有人能在下雪的極寒天氣中，身穿白衣赤腳站了三天三夜還不會凍死。

於是，他親自拜訪停留在卡諾莎城堡的教宗，請求對方原諒[＊05]。

平時身穿帝王服飾坐在寶座上，領導文武百官發號施令的皇帝，竟被迫向一名「僧侶」──即便他是「教宗」──低頭道歉，這簡直是「奇恥大辱」吧。

因此這件事又被後世稱為「卡諾莎之辱（Humiliation of Canossa）」，或稱為「卡諾莎之行（Gang nach Canossa）」。

再起之戰（薩利安王朝第3代）

亨利四世就這樣獲得教宗原諒並解除了「破門律」，回國後他立即肅清背叛自己的那些人，整頓綱紀。

勝兵先勝而後求戰，
敗兵先戰而後求勝

兵法家孫子曾說：「打勝仗的人是在做好萬全準備、確定有勝算後才開戰，打敗仗的人則是開戰後才趕緊思考獲勝的方法。」[＊06]

這正是前述亨利四世的敗因，事後他好好反省，等自己做好萬全準備後，再次挑戰教宗。

結果，這次己方陣營很團結，成功將教宗逼到山窮水盡。

最後額我略七世在逃亡途中客死於薩萊諾（Salerno）。

沃姆斯宗教協定（薩利安王朝第4代）

亨利四世雖然成功報仇雪恥，卻在意想不到的地方遭到暗算。

那個暗算他的人就是自己的親骨肉。

皇太子康拉德忤逆父親，亨利四世因而決定廢嫡改立次子（亨利）為

（＊06）出自《孫子兵法》第4篇〈形篇〉。

太子，沒想到次子也發動叛亂，最後亨利四世被趕下寶座。

亨利五世登基後，為了解決尚未落幕的「敘任權鬥爭」，在1122年締結《沃姆斯宗教協定（Wormser Konkordat）》，長達將近半個世紀的敘任權鬥爭終於劃下句點。

王朝斷絕（薩克森王朝第1代）

亨利五世駕崩時並未留下子嗣，故再度發生繼承問題。

原本亨利五世生前便希望姊姊阿格尼絲（Agnes）之子獨眼的腓特烈（Friedrich II. der Einäugige）（下一幕B／C-3）成為繼承人，但教宗卻提出異議。

「神聖羅馬帝國」本來就是為了獲得「教宗的擁護者」，而由教宗加冕所產生的國家。

因此，教宗心目中理想的皇帝人選，當然是「來自服從教宗的家族之人」，而不是「擁有拚命反抗教宗的家族血統之人」。

於是，教宗推舉當時的薩克森公爵^{（＊07）}洛泰爾，他便成了「神聖羅馬皇帝」。

然而，教宗的恣意之舉卻留下了芥蒂，導致「帝國」進入漫長的混亂時代。

（＊07）雖然同樣都是「薩克森公爵」，不過洛泰爾跟當過「薩克森公爵」的鄂圖大帝及其家族毫無任何血緣關係。鄂圖大帝出身的魯道芬家族（Liudolfinger）絕嗣之後，薩克森公爵爵位就先後轉移給比隆家族（Billunger）、敘普林根堡家族（Süpplingenburg）這2個沒有血緣關係的家族。

第3章 神聖羅馬帝國的系譜

第3幕

神聖羅馬帝國的分裂

斯陶芬王朝

12世紀中葉到13世紀中葉，原則上算是「斯陶芬王朝」時代，但這是一個經常出現對立候選人的不穩定時代，帝國也因此分成「斯陶芬派」與「韋爾夫派」，進入兩派相爭的時代。這也導致帝國走向接下來的「一代王朝時代」。

我是中世紀歐洲數一數二的著名皇帝紅鬍子腓特烈！

◀── 對立候選人 ──▶

斯陶芬王朝 第2代
腓特烈一世
（紅鬍子）
1152 – 1190

〈 斯陶芬王朝 〉

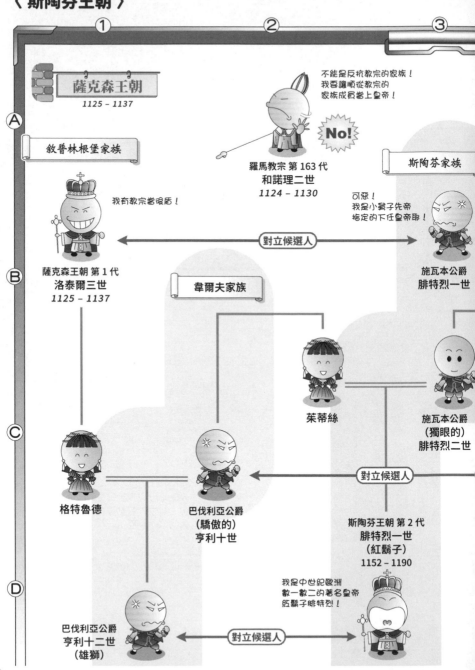

④　⑤

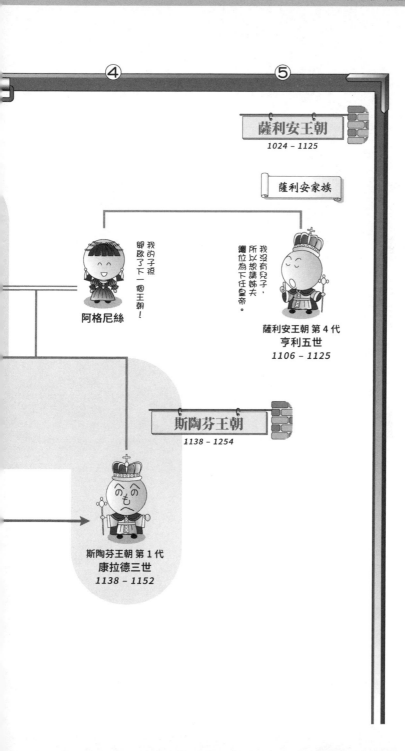

薩利安王朝
1024 – 1125

薩利安家族

阿格尼絲

我的子孫
瞪啟了下一個王朝！

我沒有兒子，
所以想請姊夫
繼位為下任皇帝。

薩利安王朝 第 4 代
亨利五世
1106 – 1125

斯陶芬王朝
1138 – 1254

斯陶芬王朝 第 1 代
康拉德三世
1138 – 1152

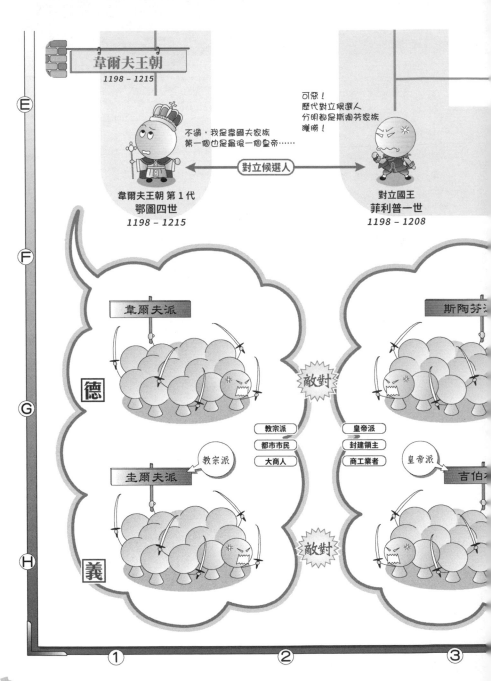

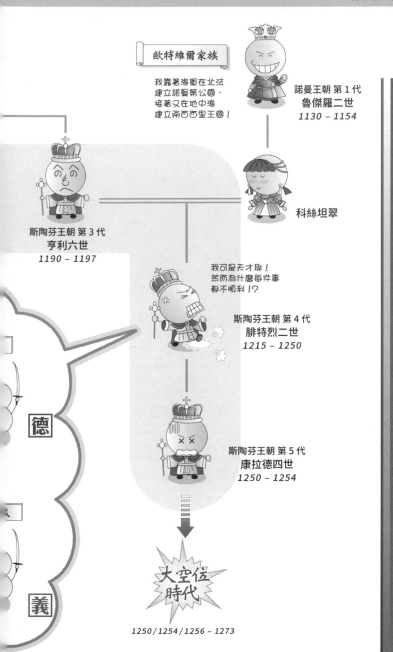

歐特維爾家族

我靠著海軍在北法
建立諾曼第公國，
接著又在地中海
建立兩西西里王國！

諾曼王朝 第 1 代
魯傑羅二世
1130 – 1154

科絲坦翠

斯陶芬王朝 第 3 代
亨利六世
1190 – 1197

我可是天才耶！
然而為什麼每件事
都不順利！？

斯陶芬王朝 第 4 代
腓特烈二世
1215 – 1250

斯陶芬王朝 第 5 代
康拉德四世
1250 – 1254

德

義

大空位
時代

1250/1254/1256 – 1273

④　　　⑤

在 教宗和諾理二世（Honorius II）（A-2）的強行介入之下，最後由
與上一個王朝毫無血緣關係的洛泰爾三世（Lothar III）（B-1）繼
位，不消說，想成為下任皇帝的獨眼的腓特烈（B／C-3）當然不滿意這個
決定，他拒絕效忠於洛泰爾三世。

因果循環（斯陶芬王朝第1代）

雖然洛泰爾三世成功壓制獨眼的腓特烈，但他同樣沒有男嗣，不久帝
國就為了繼位問題發生「內鬥」。

洛泰爾三世希望女婿驕傲的亨利（Heinrich der Stolze）（C／D-1／2）
成為下任皇帝，斯陶芬家族（Staufer）（A-3）則策劃要在這次奪回被薩
克森公爵搶走的皇位，簡直就是因果循環，結果這次換成斯陶芬家族獲得
勝利，由康拉德三世繼位。

從此以後，每次換代時就會上演斯陶芬家族與韋爾夫家族（Welfen）
的皇位爭奪戰[＊01]。

· 斯陶芬家族：上一個王朝薩利安王朝（A-5）的女系王室
· 韋爾夫家族：上上一個王朝薩克森王朝（A-1）的女系王室

從表面上看起來，這是上一個王朝（薩利安王朝）的女系王室與上上
一個王朝（薩克森王朝）的女系王室之間的紛爭，不過教宗支持韋爾夫家
族，故親教宗派支持韋爾夫，反教宗派則支持斯陶芬，兩方人馬各自形成
派系。

斯陶芬陣營在德意志稱為「斯陶芬派（F／G-3）」，在義大利則稱為
「皇帝派（G／H-3）」，韋爾夫陣營在德意志稱為「韋爾夫派（F／G-1）」，
在義大利則稱為「教宗派（G／H-1）」，由於全國諸侯紛紛加入某一方陣

（＊01）從洛泰爾三世vs腓特烈一世（B-3）開始，接下來則依序是康拉德三世vs驕傲的亨利（C／
　　　　D-1／2）、紅鬍子腓特烈vs雄獅亨利（D-1）、鄂圖四世vs菲利普一世（E／F-3）等等。

序章　家系圖的基礎知識

第 1 章　英國的系譜

第 2 章　法國的系譜

第 3 章　神聖羅馬帝國的系譜

第 4 章　普奧的系譜

第 5 章　俄羅斯的系譜

第 6 章　丹挪希英的系譜

營互相爭鬥，導致帝國陷入常態性的內亂狀態而逐漸衰退[＊02]。

沒有皇冠的神聖羅馬皇帝（斯陶芬王朝第1代）

康拉德三世在諸侯會議上獲得最多票，即位為「德意志國王」，但與教宗對立的他到死都沒有被加冕為「神聖羅馬皇帝」。

因此嚴格來說，他是「德意志國王」，不是「神聖羅馬皇帝」，不過「神聖羅馬帝國」本來就沒有實體，純粹是獲得教宗加冕的德意志國王以「羅馬人的皇帝」自稱罷了，故一般也把他算為「神聖羅馬皇帝」。

紅鬍子皇帝（斯陶芬王朝第2代）

就這樣，每次換代時德意志就會發生皇位繼承戰爭，康拉德三世駕崩時長子已去世，於是由姪子腓特烈繼位。

他正是有名的「紅鬍子腓特烈（Friedrich I. Barbarossa）（D-3）」。

他的父親（獨眼的腓特烈）來自於斯陶芬家族，母親（茱蒂絲）（B/C-2/3）來自於韋爾夫家族，由於擁有互相爭鬥的兩家血統，他盡力安撫這兩個家族，帝國因此暫時安定下來。

——無論哪個時代，只要「內（國內）」安定了，

　　政治的矛頭就會對「外（國外）」。

……這個道理我們已在前面學過了。

當時也是如此，安定了德意志後，紅鬍子腓特烈決定遠征義大利，討伐義大利的教宗派[＊03]。

但是，4次遠征全以失敗告終（1183年），因此紅鬍子腓特烈決定改變攻打方式。

（＊02）這種情形就很類似日本的「應仁之亂」，為了該推舉足利義尚（斯陶芬家族）還是足利義視（韋爾夫家族）繼任將軍，全國大名分成西軍（斯陶芬派）與東軍（韋爾夫派）互相爭鬥。當時室町幕府也是陷入長期內亂而衰退，最後幕府失去實權（大空位時代），日本進入戰國時代。

（＊03）即所謂的「義大利政策」。

臨機應變

當事情進展得不順利時，試著換一種進攻方式或方針，就有可能讓事情進展順利。

當時的紅鬍子腓特烈也是如此，他安排自己的兒子亨利（E/F-4）與兩西西里國王[*04]魯傑羅二世（Ruggero II）（D/E-5）的女兒科絲坦翠（Costanza）（E/F-5）訂婚，並在1186年成功讓兩人完婚。

從安茹伯爵的成功案例就能看出，透過策略婚姻獲得繼承權來增加領土的手法在歐洲並不罕見。

這次的婚事同樣帶來很大的影響，只不過這個影響還要再過一段時間才會顯現出來。

言歸正傳，翌年紅鬍子腓特烈接到聖地耶路撒冷淪陷（1187年）的消息，他決定暫時放攻打義大利，參加「第三次十字軍東征」。

然而，他在前往聖地的途中，不幸溺死在格克蘇（Göksu）這條小河裡[*05]。

如果是「久病而病死」，被遺留下來的人能事先做好「心理準備」，所以沒有問題，但若是這種「完全沒預料到的驟逝」，被遺留下來的人就會來不及做好心理準備而產生「不願相信」的心理，有時這位驟逝的人物就會被傳說化、被視為英雄。

紅鬍子腓特烈死後也被人們視為英雄，並且還傳出「腓特烈一世沒有死！」、「他只是『成仙』而已！」、「當帝國陷入危機時他就會甦醒，領導我們前往繁榮富強之地！」等傳說。

（＊04）跟「德意志王國」一樣，這也是後世歷史學上的稱呼。當時稱之為「西西里王國」，13世紀（西西里晚禱）以後才出現「兩西西里」這個名稱。

（＊05）至今仍不清楚他為何溺死。原因眾說紛紜，例如過河時湊巧發生心肌梗塞、遭到暗殺，或是在河裡跌倒，結果因為盔甲太重爬不起來而溺死。

序章　家系圖的基礎知識

第 1 章　英國的系譜

第 2 章　法國的系譜

第 3 章　神聖羅馬帝國的系譜

第 4 章　普奧的系譜

第 5 章　俄羅斯的系譜

第 6 章　丹挪希英的系譜

義大利政策的完成（斯陶芬王朝第3代）

由於紅鬍子腓特烈驟逝，兒子便繼位為亨利六世。

結果不久之後，兩西西里的王室就絕嗣，於是亨利六世便以王后乃魯傑羅二世的女兒為由，主張自己擁有王位繼承權，並且即位為西西里國王（1194年）。

德意志就這樣完成了夢寐以求的「義大利政策」（德義統一），而且多年無子的皇帝夫妻還在該年喜獲盼望已久的男嗣。

這個孩子就是日後的腓特烈二世（F-4/5）

亨利六世非常開心，但當時是個皇位不穩定的時代。

這個時代每次皇帝駕崩都會發生繼承問題，所以完全無法保證自己死後孩子能登上皇位。

「無論如何都要趁自己還活著時確保兒子的寶座！」

當王位不穩定時，君主趁自己還在世時先完成繼承，並藉此引出反對者是古今中外常見的做法[＊06]。

為了讓自己的兒子成為「德意志國王」，亨利六世四處遊說，即使一再遭遇挫折也沒有放棄，最後終於成功讓才2歲的腓特烈即位為「德意志國王」（1196年）。

僅只一代的韋爾夫王朝（韋爾夫王朝）

然而，還來不及放心，亨利六世隨後就罹患瘧疾而驟逝（1197年）。

他的弟弟菲利普一世（Philipp von Schwaben）（E/F-3）與韋爾夫家族的鄂圖（E/F-1）皆不同意由當時才3歲的腓特烈二世繼承王位，於是兩人為了下任國王的寶座而展開爭鬥。

這場爭奪戰始終是菲利普保持優勢，甚至一度就要取得天下了，然而

（＊06）以日本為例，家康為了避免自己的「將軍職位」如眾人所想的「只有一代」，刻意在生前將「將軍職位」讓給自己的兒子（秀忠），並對內對外通知這件事，使之變成「既定事實」。

就在即將勝利時菲利普卻遭到暗殺，皇冠便落到了鄂圖手上。

自韋爾夫派與斯陶芬派展開皇位繼承之爭以來，這是韋爾夫家族第一次成功誕出皇帝。

但是，鄂圖四世並無當皇帝的才幹(＊07)，登基後不久就失去諸侯的支持，後來又觸怒教宗而失勢，於是皇位再度回到斯陶芬家族。

與眾不同的皇帝登場（斯陶芬王朝第4代）

這次即位的是「腓特烈二世」。

其實，他的母親（科絲坦翠）為了守住兒子的王位，曾拜託當時的教宗依諾增爵三世。

看到之前總是與教宗敵對的家族幼子自動送上門來，依諾增爵三世的心裡多半打著這種算盤：

「只要自己當這孩子的『監護人』，好好地對他洗腦，

就能培養出將來能任教宗操縱的『傀儡皇帝』！」

腓特烈年紀還小時，鄂圖四世曾以「代打者」的身分搶走皇位，不過腓特烈長大後，便在教宗的支持下取回皇位。

重獲皇位的他，是位有點與眾不同的「德意志國王」。

首先，他在巴勒摩（Palermo）(＊08)土生土長，雖然身為「德意志國王」，內心卻是個「義大利人(＊09)」。

此外，他還「優秀」到有「天才」的美譽。

4歲時已學會讀寫拉丁語，並涉獵歷史與哲學等書籍，長大後會說9國語言，學問方面懂歷史、哲學、神學、天文學、數學、植物學，才藝方面他會寫詩、演奏樂器，武術方面則擅長馬術、槍術、打獵，真的是一位文武雙全的萬能「天才」，周遭也對他的未來抱持期望。

（＊07）當時的人對他的評價是「在戰場上很勇敢，但為人傲慢又愚蠢」。

（＊08）西西里王國的首都。如今也是西西里大區的首府，亦是島上最大的市鎮。

（＊09）這只是一種隱喻，因為當時還不存在民族意識。

將帝國導向瓦解的「天才」（斯陶芬王朝第4代）

然而，現實是嚴酷的。

不少人對「小時候的學業成績」寄予期待，但出了社會後，那種東西頂多是一種「勞工的能力指標」。

十歲是神童，過了二十歲就是平凡人

因此，「小時候被稱為『神童』的孩子，長大後卻碌碌無聞」是非常正常的事，一點也不令人意外[＊10]，腓特烈二世可說是典型的例子。

從小就被譽為「天才」的他自認是「特別的人」，不僅自尊心強，還有崇高的理想。

──我要完成歷代皇帝未能實現的偉業，

以中央集權方式統一德義，確立絕對主義體制！

不過，之前那些皇帝的目標是「以德意志為主，而義大利為從的『統一』」，但腓特烈二世的目標卻是「以義大利為主，而德意志為從的『統一』」，因為他認為「我國是『羅馬帝國』」[＊11]。

最可怕的莫過於有一點學問的笨蛋

這是日俄戰爭爆發前，伊藤博文對「東大七博士[＊12]」的感想，人有一點學問時就容易囿於「自己心中的理想」，忽視「眼前的現實」不顧

（＊10）「領導者才能」不會反映在小時候的學業成績上。不僅如此，許多有領導者才能的人，小時候的學業成績反而很差。

（＊11）之所以會搞錯方向產生這種想法，其中一個很大的因素就在於他是「在義大利土生土長」的德意志國王這項特殊的成長背景吧。

一切往前衝。

雖然說「政治」是為了實現「理想」而努力，但是也要「看清楚『現實』」。

能否做到這點是「明君」與「愚君」的分界，腓特烈二世則是後者。

腓特烈二世對義大利的統治似乎比較順遂，但在德意志卻因為諸侯的強烈反彈而難以經營國家，於是他授予德意志諸侯各種特權，作為懷柔他們的權宜之策，結果諸侯形成了「領邦（territorium）」，這下子德意志非但沒能實現「中央集權統一」，反而還分解了。

進入大空位時代（斯陶芬王朝第5代）

腓特烈二世駕崩後，由次子康拉德四世^{（＊13）}繼位，但他不僅沒能在短暫的統治期間登上皇位，甚至連分裂的德意志王位都統一不了^{（＊14）}就駕崩了。

之後，德意志就進入長達四分之一世紀沒有「統一的德意志國王」的時代，後世將這個時代稱為「大空位時代」。

（＊12）指來自東大與學習院的7位教授，他們在1903年提出了「日本要發動侵略戰爭！」、「日本應立刻開戰進攻到貝加爾湖（Lake Baikal）！」、「我們要併吞整個世界！」等主張，讓人不禁懷疑他們是不是瘋了。

（＊13）長子亨利因反抗父親而遭到鎮壓、逮捕，事後不僅被廢嫡，眼睛也被弄瞎，最終絕望自盡。

（＊14）當時還有一位對立國王威廉（1247～1256年）。

第3章 神聖羅馬帝國的系譜

第4幕

哈布斯堡家族登場

一代王朝時代

領邦希望繼續維持「大空位」，財界與宗教界則想要「重建帝國」，於是「一代王朝時代」就在雙方的周旋中誕生，並且形成盧森堡家族與哈布斯堡家族的對立。盧森堡家族用《金璽詔書》牽制哈布斯堡家族，哈布斯堡家族則自稱「大公」與之對抗。

我的爵位不是「公爵」，而是「大公」喔！

大公

我偽造了ㄅ份特許狀來證明自己是「大公」！

創始者魯道夫

〈 一代王朝時代 〉

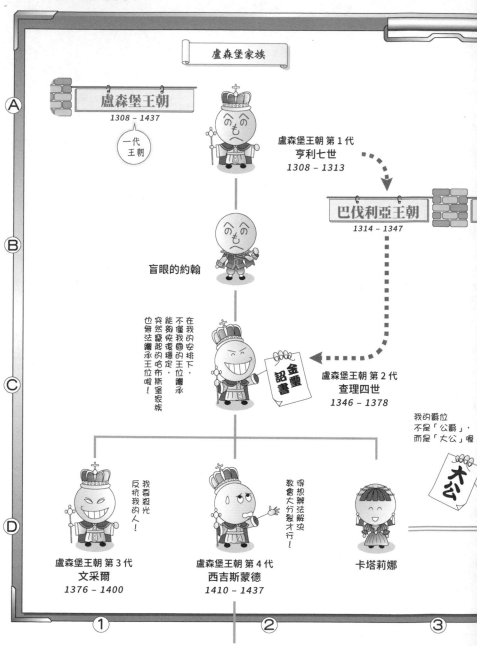

盧森堡家族

盧森堡王朝
1308 – 1437

一代
王朝

盧森堡王朝 第 1 代
亨利七世
1308 – 1313

巴伐利亞王朝
1314 – 1347

盲眼的約翰

在我的安排下，不僅我國的王位繼承能夠永保穩定，突然竄起的哈布斯堡家族也無法繼承王位啦！

金璽
詔書

盧森堡王朝 第 2 代
查理四世
1346 – 1378

我的爵位
不是「公爵」，
而是「大公」喔

大公

我會殺光
反抗我的人！

得想辦法解決
教會大分裂才行！

盧森堡王朝 第 3 代
文采爾
1376 – 1400

盧森堡王朝 第 4 代
西吉斯蒙德
1410 – 1437

卡塔莉娜

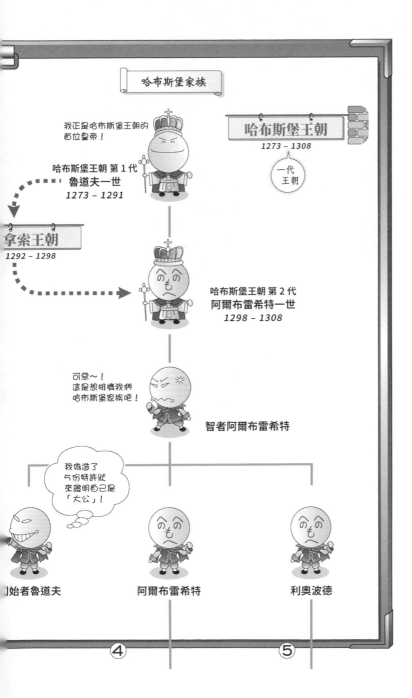

哈布斯堡家族

我正是哈布斯堡王朝的
首位皇帝！

哈布斯堡王朝
1273 – 1308

一代
王朝

哈布斯堡王朝 第 1 代
魯道夫一世
1273 – 1291

拿索王朝
1292 – 1298

哈布斯堡王朝 第 2 代
阿爾布雷希特一世
1298 – 1308

可惡～！
這是想排擠我們
哈布斯堡家族吧！

智者阿爾布雷希特

我偽造了
5份特許狀
來證明自己是
「大公」！

創始者魯道夫

阿爾布雷希特

利奧波德

④

⑤

序章　家系圖的基礎知識

第 1 章　英國的系譜

第 2 章　法國的系譜

第 3 章　神聖羅馬帝國的系譜

第 4 章　普奧的系譜

第 5 章　俄羅斯的系譜

第 6 章　丹挪希英的系譜

德意志國王不在^{（＊01）}的狀態就這樣持續了四分之一個世紀。

當時德意志境內各地都有諸侯割據，情況就跟日本的「戰國時代」^{（＊02）}差不多。

不過，就像哲學家黑格爾（Georg Wilhelm Friedrich Hegel）說的，有「正（帝國空殼化）」必有「反（帝國重建）」，經過揚棄後就會產生「合（妥協點）」。

領邦在各地開戰導致治安惡化，德意志境內各城市為了自衛，遂組成「萊茵城市同盟（Rheinischer Städtebund）」大聲疾呼。

──廢除各領邦擅自訂立的關稅！

為了恢復治安、保障交易安全，我們要重建帝國！

不光是這些城市，羅馬教宗也希望帝國能夠重建。

當初「神聖羅馬帝國」會誕生，就是因為教宗需要皇帝當自己的「保鏢」，儘管之前跟帝國有過複雜的糾紛，但帝國若是「不在」了，教宗也很困擾。

首個哈布斯堡王朝（哈布斯堡王朝第1代）

雖然眾領邦受到財界與教會呼籲「重建帝國」的壓力，但他們並不希望出現一個有可能剝奪自身特權的「強大皇帝」，因此最後採取「重建帝國，但推舉弱小國王」這種折衷辦法。

當時即位的這個人就是「哈布斯堡王朝魯道夫一世（Rudolf I）（A-4）」。

這是哈布斯堡家族首次建立「王朝」，而且他們在近世以前就成長為歐洲數一數二的著名王朝，不過此時眾人作夢都想不到會有這種事。

主要原因就在於，當時的哈布斯堡家族只不過是統治瑞士的「貧窮伯

（＊01）雖然並非完全沒有國王，但他們既非統一國王又無實權，甚至人也不在德意志，只是「虛有其名的德意志國王」，故實質上是「不在」的。

（＊02）拿日本戰國時代來比喻的話，德意志國王就相當於足利將軍，領邦則相當於戰國大名。

（＊03）這句評語出自與他爭奪王位的波希米亞國王奧托卡二世（Přemysl Otakar II）。

爵（＊03）」，領邦只期待魯道夫當個「有名無實」的皇帝，畢竟魯道夫一世當時已是55歲的老人，應該也沒有野心了，就算有野心，他也只是來日不多的平庸之人，什麼都做不了。

哈布斯堡王朝

哈布斯堡王朝 第 1 代
魯道夫一世
1273 – 1291

我正是哈布斯堡王朝的首位皇帝！

哈布斯堡王朝
1273 – 1308

一代王朝

沒有想到，成為德意志國王的他並未符合這些領邦的「期待」，反而幹勁十足地大展身手，先是討伐當時的領邦之首波希米亞國王奧托卡二世（＊04），搶走他的領地（奧地利）（＊05），接著協調領邦、城市、教會的利益讓帝國恢復秩序。

魯道夫一世的表現令眾領邦相當驚訝，他們害怕哈布斯堡家族會變得強大，因此不同意王位父死子繼，這個王朝就成了一代王朝。

一代王朝時代

由於領邦想要一個「弱小國王」，魯道夫一世駕崩後，接著獲選的同樣是弱小伯爵拿索家族（B-3/4）的阿道夫（Adolf von Nassau）。

但是，他也跟魯道夫一世一樣懷有野心，想藉著自己當上德意志國王的機會從弱小伯爵晉升為大貴族，因此即位後十分積極地活動，感到失望

（＊04）即1278年的馬希菲爾德戰役（Schlacht auf dem Marchfeld）。

（＊05）之後，哈布斯堡家族便將根據地從瑞士（布魯格）遷到奧地利（維也納）。

序章　家系圖的基礎知識

第1章　英國的系譜

第2章　法國的系譜

第3章　神聖羅馬帝國的系譜

第4章　普奧的系譜

第5章　俄羅斯的系譜

第6章　丹挪希英的系譜

的領邦決定罷黜阿道夫一世，並推舉與他「勢均力敵」的魯道夫一世的長子阿爾布雷希特（Albrecht I）（B-4/5）為新任德意志國王。

從此以後同樣的情形一再上演，德意志進入「一代王朝」輪流登場的時代。

> ① 哈布斯堡王朝魯道夫一世
> ② 拿索王朝阿道夫一世
> ③ 哈布斯堡王朝阿爾布雷希特一世
> ④ 盧森堡王朝亨利七世
> ⑤ 巴伐利亞王朝路德維希四世
> ⑥ 盧森堡王朝查理四世
> ⑦ 盧森堡王朝文采爾
> ⑧ 巴伐利亞王朝魯普雷希特
> ⑨ 盧森堡王朝西吉斯蒙德

金璽詔書（盧森堡王朝第2代）

每次改朝換代，各懷鬼胎的領邦與教宗就會為了下任國王人選而發生紛爭，如果更替的王朝一直都是被他們擺布、當成傀儡的弱小一代王朝，

在我的安排下，不僅我國的王位繼承能夠收復穩定，突然竄起的哈布斯堡家族也無法繼承王位啊！

盧森堡王朝 第2代
查理四世
1346－1378

（＊06）不過，條款中並未載明「不需要」，只是因為內容完全沒提到「需要」才將其解釋為「不需要」，算是不成文規定。

序章　家系圖的基礎知識

第1章　英國的系譜

第2章　法國的系譜

第3章　神聖羅馬帝國的系譜

第4章　普奧的系譜

第5章　俄羅斯的系譜

第6章　丹挪希英的系譜

這種狀態其實跟「大空位時代」沒什麼差別。

為了打破這種狀況，查理四世（Karl IV）（C-2）展開了行動。

他頒布了《金璽詔書（bulla aurea，或譯為黃金詔書）》。

- 新王從7位選帝侯中選出。
- 7位選帝侯分別是美茵茲總教區、特里爾總教區、科隆總教區的3位教會選帝侯，以及普法爾茨伯爵、薩克森公爵、布蘭登堡邊境伯爵、波希米亞國王這4位世俗選帝侯。
- 新王即位不需要獲得羅馬教宗的承認[*06]。

這份詔書成功解決了有力人士擅自舉行諸侯會議[*07]，各自選出德意志國王（雙重選舉）的亂象，以及因教宗一己之私導致「神聖羅馬皇帝從缺」的問題。

而且，因為當時選出的「7位選帝侯」幾乎都是與盧森堡家族有關的家族，查理四世駕崩後召開的帝國議會決定由他的兒子繼位，這是一代王朝時代中唯一一次的「父死子繼」。

不過查理四世的繼承人文采爾（Wenzel）太過無能，因此從下一代起又全是一代王朝。

哈布斯堡家族僭稱大公

《金璽詔書》的頒布，導致哈布斯堡家族在皇位繼承之爭中「被排斥在外」。

因為當時古老顯赫的盧森堡家族與維特爾斯巴赫家族（Wittelsbach）對「突然竄起」的哈布斯堡家族沒有好感，偏偏《金璽詔書》指定的7位選帝侯都是盧森堡家族與維特爾斯巴赫家族的人。

（*07）《金璽詔書》頒布之後就改稱為「帝國議會」。

對此感到憤慨的創始者魯道夫（Rudolf der Stifter，即奧地利公爵魯道夫四世）（D-3/4），便開始訕稱自己為「大公（Erzherzog）」。

可是，當時並沒有「大公」這個爵位。

居然以不存在的爵位自稱，可見魯道夫四世也完全豁出去了，不過魯道夫四世的解釋是，既然「主教」之上有「大主教」，那「公爵」之上有「大公」也沒問題吧——聽起來好像有點道理，總之他突然宣稱：「我是地位在所有公爵之上的大公！」

面對這種莫名其妙的主張，查理四世也很困惑，他要求魯道夫四世提出證據，沒想到魯道夫四世居然堂而皇之地拿出粗糙到馬上就會被拆穿的偽造文件，負責鑑定的佩脫拉克 [*08] 也說：「這位大人（魯道夫四世）的腦袋有點怪怪的。」

不過日本有句諺語說：「歪理行得通，道理就不通。」後來這個「大公」真的成了奧地利的爵位，並且廣為人知。

教會大分裂結束（盧森堡王朝第3代）

言歸正傳，讓盧森堡王朝再度取回皇位的人是查理四世的兒子，也就是文采爾的弟弟西吉斯蒙德（Sigismund）[*09]（D-2）。

他獲選為神聖羅馬皇帝後，為了終結混亂到極點的「教會大分裂」而召開「康士坦斯大公會議（Konzil von Konstanz）」，重新選出一位各方一致認可的教宗，並且統一教義。

這件事後來引發了「胡斯戰爭（Hussitenkriege）」，西吉斯蒙德好不容易才把戰亂鎮壓下來，但沒有兒子的他翌年就駕崩了，於是皇位再度轉移到哈布斯堡家族。

（＊08）就是以《抒情詩集（Canzoniere）》聞名的那位佩脫拉克（Francesco Petrarca）。他既是詩人也是學者，故當時委託他擔任鑑定人。

（＊09）他成了盧森堡王朝的末代皇帝。

第3章　神聖羅馬帝國的系譜

第5幕

再度進入世襲王朝時代

哈布斯堡王朝（近世）

經歷漫長的「一代王朝時代」後，終於又回到「世襲王朝」時代。完成這項偉業的人物肯定是「明君中的明君」吧。

然而實際一看卻發現，那個人竟是當時遭人嘲笑為「神聖羅馬帝國的大瞌睡蟲」，集「懦夫」、「優柔寡斷」、「無能」於一身的「腓特烈三世」。

懦夫
優柔寡斷
夫
寡斷
無能

哈布斯堡王朝 第4代
腓特烈三世
1440 – 1493

〈 哈布斯堡王朝（近世）〉

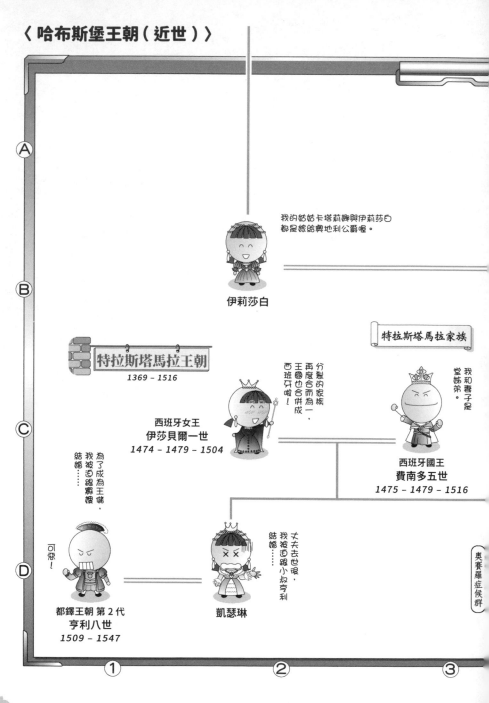

A

B

我的姑姑卡塔莉娜與伊莉莎白
都是嫁給奧地利公爵喔。

伊莉莎白

特拉斯塔馬拉家族

C

特拉斯塔馬拉王朝
1369 – 1516

分裂的家族
再度合而為一，
王國也合併成
西班牙喔！

西班牙女王
伊莎貝爾一世
1474 – 1479 – 1504

我和妻子是
堂姊弟。

西班牙國王
費南多五世
1475 – 1479 – 1516

D

為了成為王儲，
我被迫跟寡嫂
結婚……

可惡！

都鐸王朝 第2代
亨利八世
1509 – 1547

丈夫去世後，
我被迫跟小叔亨利
結婚……

凱瑟琳

奧賽羅症候群

1　　　　　　　2　　　　　　　3

序章　家系圖的基礎知識

第 1 章　英國的系譜

第 2 章　法國的系譜

第 3 章　神聖羅馬帝國的系譜

第 4 章　普奧的系譜

第 5 章　俄羅斯的系譜

第 6 章　丹挪希英的系譜

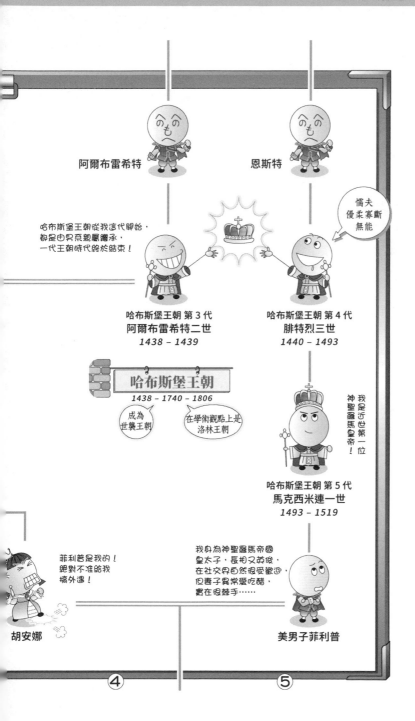

阿爾布雷希特

恩斯特

懦夫
優柔寡斷
無能

哈布斯堡王朝從我這代開始，
都是由兒系親屬繼承，
一代王朝時代終於結束！

哈布斯堡王朝 第 3 代
阿爾布雷希特二世
1438 – 1439

哈布斯堡王朝 第 4 代
腓特烈三世
1440 – 1493

哈布斯堡王朝
1438 – 1740 – 1806

成為
世襲王朝

在學術觀點上是
洛林王朝

我是近世第一位
神聖羅馬皇帝！

哈布斯堡王朝 第 5 代
馬克西米連一世
1493 – 1519

菲利普是我的！
絕對不准給我
搞外遇！

我身為神聖羅馬帝國
皇太子，長相又英俊，
在社交界自然很受歡迎，
但妻子異常愛吃醋，
實在很棘手……

胡安娜

美男子菲利普

④

⑤

189

盧森堡王朝的末代皇帝西吉斯蒙德駕崩後，哈布斯堡家族繼阿爾布雷希特一世之後，時隔130年再度出了一位皇帝。

而那個人就是西吉斯蒙德之女（B-2）的丈夫阿爾布雷希特二世（B-4）。

最後一位非世襲皇帝（哈布斯堡王朝第3代）

不過他在位只有1年，年僅42歲就駕崩，因此幾乎沒有任何值得一提的事蹟。

而且，他也沒有儲君[*01]，所以原本以為這次又是「一代王朝」。

但令人意外的是，他的再從弟腓特烈（B-5）獲選為皇帝，故哈布斯堡王朝又延續了1代。

就「結果」而論，神聖羅馬帝國從腓特烈以後就回到「世襲王朝」，因此他算是一位站在「歷史轉捩點」上的皇帝。

大瞌睡蟲開創的世襲王朝（哈布斯堡王朝第4代）

那麼，那些理應不樂見世襲王朝的諸侯，為什麼刻意選擇來自同一個家族的腓特烈三世呢？

這是因為，當時眾人對他的評價就是「膽小、優柔寡斷、意志薄弱、沒出息的大瞌睡蟲[*02]」，可以說是公認（？）的無能，諸侯們才會欣然做出這樣的決定。

──這麼無能的大瞌睡蟲實在少見！

而且這樣的人應該沒有野心，就算有也做不了什麼事。

確實就如同這些諸侯的「期待」，腓特烈三世在政治上並無值得一提的事蹟，不過他有一個別人沒有的「優勢」。

那就是「運氣好得嚇死人」。

（＊01）他駕崩的時候，王后（伊莉莎白）已經懷了他的孩子，而後這個遺腹子拉斯洛（Ladislaus Postumus）繼承了奧地利公爵的頭銜。

（＊02）他被稱為「神聖羅馬帝國的大瞌睡蟲（Erzschlafmütze）」。

他在位期間一再遭遇困境，雖然每次都沒有接受挑戰而是偷偷摸摸地逃跑，但最後總是很「幸運」地迎來政敵先死（＊03）的結果。

逃跑的家康取得天下

腓特烈三世就像德川家康一樣，總是「逃避與強敵交戰，一直忍到好機會到來」，此外也像織田信長一樣好運，「每次陷入困境時政敵都會先死」。

於是，不知不覺間他就統治了半個世紀以上，而經過這麼長的時間之後，「由『哈布斯堡王朝』統治是『理所當然』」的氛圍已在帝國蔓延開來，因此從他以後，皇位就很順利地父死子繼。

名留青史的「大瞌睡蟲」奠定了哈布斯堡王朝的基礎，這該說是歷史的諷刺嗎？又或者就像竈門炭治郎（＊04）說的一樣，「最弱的人有著最大的可能性」呢？

近世第一位皇帝（哈布斯堡王朝第5代）

就這樣，時隔大約120年，神聖羅馬帝國再度恢復了父死子繼的世襲制，而這次繼承皇位的是馬克西米連一世（Maximilian I）（C-5）。

他禁止私鬥（＊05），努力推動司法（帝國樞密法院）、行政（帝國咨政院）、立法（帝國議會）的近代化，後世稱他「一隻腳站在中世紀，另一隻腳則踏入近世」。

誕生於古代的「帝國」就這樣在中世紀改變形態存續下來，到了馬克西米連一世的時代終於邁向近世。

順帶一提，哈布斯堡家族的家訓是「你，去結婚吧（＊06）」。

（＊03）例如暗殺、自滅、病死等等。

（＊04）吾峠呼世晴繪製的漫畫《鬼滅之刃》的主角。

（＊05）指德意志諸侯之間的戰鬥。禁止私鬥的規定就類似於江戶時代德川家光頒布的《武家諸法度（寬永令）》（譯註：《武家諸法度》為規範大名與家臣等武家的法令）。

序章　家系圖的基礎知識

第1章　英國的系譜

第2章　法國的系譜

第3章　神聖羅馬帝國的系譜

第4章　普奧的系譜

第5章　俄羅斯的系譜

第6章　丹挪希英的系譜

法蘭西有安茹伯爵利用聯姻戰術擴張領地，從而掌握中世紀的霸權，哈布斯堡家族也如法炮製，成功掌握了近世的霸權。

首先，馬克西米連一世娶了孛艮第公爵大膽查理之女瑪麗（Marie de Bourgogne），獲得孛艮第公爵領地。

因此，馬克西米連與瑪麗是「策略聯姻」。雖然兩人是這樣的關係，不過夫妻感情融洽，據說就是因為他曾送給瑪麗鑽戒，後來才有了「贈送鑽石婚戒發誓永遠愛著對方」的習俗。

夫妻倆生了美男子菲利普（Philipp der Schöne）（D-5），他繼承了孛艮第公爵爵位^(＊07)。

而菲利普也同樣遵照「你，去結婚吧」的家訓，與西班牙公主胡安娜（Juana）（D-3／4）策略聯姻，於是哈布斯堡家族也在日後獲得了西班牙王位。

不過菲利普萬萬沒想到，胡安娜有「奧賽羅症候群^(＊08)」，甚至因而被稱為「瘋女（la Loca）」。

兩人剛結婚時感情很好，但之後菲利普受不了異常愛吃醋的胡安娜，對她失去愛情。

西班牙女王伊莎貝爾一世（Isabel I）駕崩，卡斯提亞王位落到胡安娜身上之後，美男子菲利普就利用「胡安娜丈夫」的身分想方設法要獲得王位，然而不久他就驟逝了。

要收拾事態得等到下一個世代了。

（＊06）不過，也有一說「哈布斯堡家族並無這種家訓」。

（＊07）但是因為發生了叛亂，實質上擁有的領地只有尼德蘭而已。

（＊08）Othello syndrome，又稱為病態型嫉妒，是一種大腦（前額葉）障礙，患者無法控制自己對異性產生異常的嫉妒或被害妄想。

第6幕

逐漸瓦解的帝國

哈布斯堡王朝（宗教戰爭時期）

兄長查理五世駕崩後便由斐迪南一世繼承帝國，之後又過了一段較為平穩的日子，不過自從馬蒂亞斯這代打破「父死子繼」模式後，帝國就開始衰退。而以他為起點，經歷3代國王、長達30年的「三十年戰爭」則導致帝國瓦解。

三十年戰爭

1618 - 1648

三十年戰爭的起因就是我！

哈布斯堡王朝 第 11 代
斐迪南二世
1619 - 1637

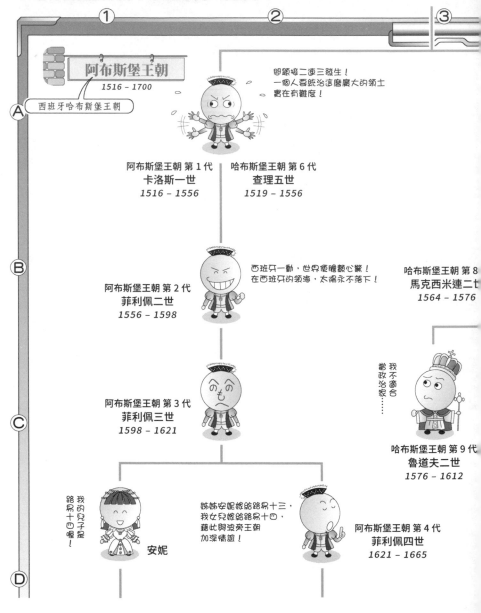

阿布斯堡王朝
1516 – 1700

西班牙哈布斯堡王朝

問題接二連三發生！
一個人要統治這麼廣大的領土
實在有難度！

阿布斯堡王朝 第 1 代
卡洛斯一世
1516 – 1556

哈布斯堡王朝 第 6 代
查理五世
1519 – 1556

阿布斯堡王朝 第 2 代
菲利佩二世
1556 – 1598

西班牙一動，世界便瞠顫心驚！
在西班牙的領海，太陽永不落下！

哈布斯堡王朝 第 8
馬克西米連二世
1564 – 1576

阿布斯堡王朝 第 3 代
菲利佩三世
1598 – 1621

我不適合
當政治家……

哈布斯堡王朝 第 9 代
魯道夫二世
1576 – 1612

我的兒子是
路易十四呢！

安妮

姊姊安妮嫁給路易十三，
我女兒嫁給路易十四，
藉此與波旁王朝
加深情誼！

阿布斯堡王朝 第 4 代
菲利佩四世
1621 – 1665

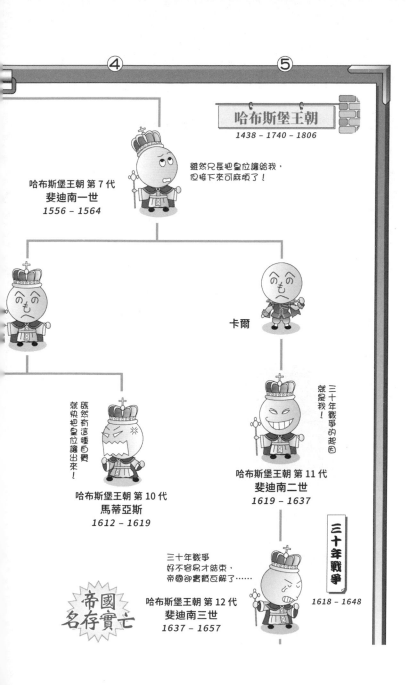

④

⑤

哈布斯堡王朝
1438 – 1740 – 1806

雖然兄長把皇位讓給我，
但接下來可麻煩了！

哈布斯堡王朝 第 7 代
斐迪南一世
1556 – 1564

卡爾

三十年戰爭的起因
就是我！

既然有這種自覺
就快把皇位讓出來！

哈布斯堡王朝 第 10 代
馬蒂亞斯
1612 – 1619

哈布斯堡王朝 第 11 代
斐迪南二世
1619 – 1637

三十年戰爭

1618 – 1648

三十年戰爭
好不容易才結束，
帝國卻實質瓦解了……

帝國
名存實亡

哈布斯堡王朝 第 12 代
斐迪南三世
1637 – 1657

據說胡安娜在得知菲利普去世後，不准他人埋葬丈夫的遺體，而是放在自己身邊以防其他女人靠近，之後還乘坐馬車帶著丈夫的遺體到處流浪，這件事也讓人窺見了她的異常。

哈布斯堡王朝的鼎盛期（哈布斯堡王朝第6代）

最後，胡安娜的父親費南多五世（Fernando V）於1516年駕崩，胡安娜之子亨良第公爵卡洛斯繼承西班牙王位。

他即位成為「卡洛斯一世（Carlos I）（A-1/2）」，從特拉斯塔馬拉（Trastámara）王朝的角度來看是「女系」國王，故西班牙王朝從這一代更迭為「哈布斯堡王朝^{（＊01）}」。

短短3年後，他的祖父馬克西米連一世駕崩，神聖羅馬皇位也落在他身上，於是他——

> ・從父親那裡繼承「亨良第公爵爵位」（查理二世）
>
> ・從母親那裡繼承「西班牙王位」（卡洛斯一世）
>
> ・從外祖父那裡繼承「兩西西里王位」（卡洛一世）
>
> ・從祖父那裡繼承「神聖羅馬皇位」（查理五世）

此外還派遣許多征服者（conquistador）前往新大陸，在南北美洲建立廣大的殖民地，哈布斯堡家族便於他在位期間成為「日不落國」，進入鼎盛期。

但是。

好花看到半開時

（＊01）這裡是指西班牙的王朝，為了與德意志的「哈布斯堡王朝」區別，本書有時會按西班牙語的發音（Habsburgos）翻譯為「阿布斯堡王朝（A-1）」。

序章　家系圖的基礎知識

第 1 章　英國的系譜

第 2 章　法國的系譜

第 3 章　神聖羅馬帝國的系譜

第 4 章　普奧的系譜

第 5 章　俄羅斯的系譜

第 6 章　丹挪希英的系譜

一如花朵全開之後便開始凋謝，組織也是正值鼎盛時便已出現衰退的原因。

當時也是如此，早在他即位為神聖羅馬皇帝的 2 年前就已經冒出「火苗」了。

那株「火苗」就是「宗教改革運動」

1517 年馬丁・路德（Martin Luther）在威登堡城堡教堂（Schlosskirche zu Wittenberg）的大門上張貼《九十五條論綱（95 Thesen）》，後來這把「火」蔓延到德意志全國。

雖然查理五世賣力「滅火」，這把火卻仍然像森林大火一樣不斷「延燒」，國內經常發生暴動，而且除了這個內憂，還有來自西邊的法蘭西、來自東邊的鄂圖曼帝國這 2 個外患，雖然表面上看起來是「鼎盛期」，但查理五世的統治其實充滿了困難。

哈布斯堡家族的分裂（哈布斯堡王朝第 7 ～ 9 代）

查理五世在位長達 40 年，但這種政治局勢令他心力交瘁，因而決定在生前讓出皇位。

不過，他不忍心讓心愛的兒子承受自己吃過的苦，於是他將號稱「西班牙一動，世界便膽顫心驚」的西班牙交給兒子菲利佩（B-1／2），至於飽受內憂外患之苦的神聖羅馬帝國則分給弟弟斐迪南。

就這樣，弟弟即位為神聖羅馬帝國的新皇帝斐迪南一世（Ferdinand I）（A-4）。

順帶一提，哈布斯堡家族因為這件事分成了「西班牙哈布斯堡家族」與「德意志哈布斯堡家族」，沒想到這次分家竟然在日後引發了一場大戰（＊02）。

（＊02）這裡是指 1701 ～ 1713 年的「西班牙王位繼承戰爭」。法蘭西與奧地利為了西班牙王位而參戰之後，英、荷、普、葡等國全站在奧地利這邊並加入戰爭，最後演變成席捲全歐洲的大戰。請參考本書「第 2 章第 5 幕」與「第 3 章第 7 幕」。

父死子繼時代（哈布斯堡王朝第8～9代）

從斐迪南一世這代起，皇位就很順利地父死子繼，之後依序傳給馬克西米連二世（B-3/4）與魯道夫二世（C-3），表面上看起來是平穩的時代，但這段期間宗教問題卻越來越嚴重。

然而，魯道夫二世缺乏統治能力，政務全丟給臣子處理。由於他實在太不中用，最後被弟弟馬蒂亞斯（Matthias）（C-4）篡位，父死子繼模式就在這裡中斷了。

被打亂的父死子繼模式（哈布斯堡王朝第10～11代）

如同我們在前面看到的各種例子，只要觀察家系圖即可推測這個國家的狀態。

一直都是父死子繼時國家就穩定，而繼承混亂時國運即面臨危急之秋（＊03）。

這次也不例外，馬蒂亞斯在位晚年爆發了「三十年戰爭（C/D-5）」。

這場戰爭經歷馬蒂亞斯、斐迪南二世（C-5）、斐迪南三世（D-5）這3代皇帝，打了30年之久，德意志因而受到毀滅性的打擊。

國土因化為戰場而荒廢，人口減少到戰前的60%，據說當時「德意志的政治與經濟倒退了200年」。

除此之外，當時的講和條約（＊04）還被稱為「神聖羅馬帝國的死亡證書」，這場戰爭導致「神聖羅馬帝國」實質瓦解。

（＊03）這裡的「秋」為「重要時期」之意。

（＊04）指1648年的《西發里亞和約（Westfälischer Friede）》。

第7幕

神聖羅馬帝國滅亡

從神聖羅馬帝國到奧地利帝國

「三十年戰爭」後的歷代皇帝都想要重建帝國，然而他們彷彿被「歷史女神」拋棄了一般，不久之後皇室就只剩女嗣了。女性不能繼承神聖羅馬帝國的皇位，因此王朝在此更迭，變成「洛林王朝」，但是……。

哈布斯堡王朝 第13代
利奧波德一世
1658 – 1705

無論如何我都要
復興帝國！

〈 從神聖羅馬帝國到奧地利帝國 〉

「國家即朕！」

瑪麗－泰蕾莎

波旁王朝 第 3 代
路易十四
1643 – 1661 – 1715

巴伐利亞王朝
1742 – 1745

維特爾斯巴赫家族

我只生了女兒！
所以皇位染定交給弟弟！

哈布斯堡王朝 第 14 代
約瑟夫一世
1705 – 1711

西班牙

170

很好！哈布斯堡家族也終於絕爾了呀！

巴伐利亞王朝
查理七世
1742 – 1745

身為姊姊的我依給了薩克森公爵。

瑪麗亞·艾瑪莉亞

瑪麗亞·約瑟法

「我為了莫須有的罪名而死。
不過，我會原諒所有致我於死
的人！」

波旁王朝 第 5 代
路易十六
1774 – 1792

瑪麗·安東妮

波旁王朝 第 6 代
路易十七
1793 – 1795

即位時
8 歲

E

F

G

H

① ② ③

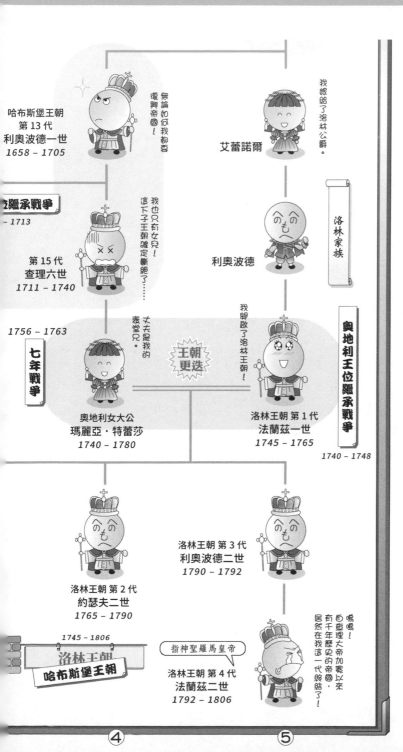

哈布斯堡王朝
第 13 代
利奧波德一世
1658 – 1705

復興帝國！

無論如何我都要

我嫁給了洛林公爵。

艾蕾諾爾

洛林家族

利奧波德

這下子王朝確定斷絕了……

我也只有女兒！

奧地利王位繼承戰爭

○○繼承戰爭
– 1713

第 15 代
查理六世
1711 – 1740

王朝
更迭

女夫是我的
表堂兄。

我開啟了洛林王朝！

1756 – 1763

七年戰爭

奧地利女大公
瑪麗亞·特蕾莎
1740 – 1780

洛林王朝 第 1 代
法蘭茲一世
1745 – 1765

1740 – 1748

洛林王朝 第 2 代
約瑟夫二世
1765 – 1790

洛林王朝 第 3 代
利奧波德二世
1790 – 1792

1745 – 1806

洛林王朝
哈布斯堡王朝

指神聖羅馬皇帝

洛林王朝 第 4 代
法蘭茲二世
1792 – 1806

嗚嗚！
自查理大帝加冕以來
有千年歷史的帝國，
居然在我這一代終結了！

④　　　　　⑤

接著來看經歷「三十年戰爭」後，實際上已解體的帝國走到完全滅亡的過程。

以及，我們在前面學到的神奇原則，也就是

——國家衰退時，王位繼承就會陷入混亂；王位繼承陷入混亂時，國家就會衰退。

果不其然，接下來父死子繼的繼承模式就被打亂，過了不久哈布斯堡家族也終於絕嗣，時隔300年王朝再度更迭，但是過沒多久，「神聖羅馬帝國」也名符其實地滅亡了。

本幕就帶大家看看這段經過。

力圖復興帝國（哈布斯堡王朝第13代）

斐迪南三世駕崩後，其子利奧波德（Leopold I）（D/E-4）繼位，但坐上已喪失實權、「徒有虛名的寶座」的他，要面對的是一條充滿考驗與苦難的道路。

利奧波德一世也很努力想要重建帝國，但眾領邦抵抗到底，令他一再陷入困境。

屋漏偏逢連夜雨，內憂尚未解決之際又面臨外患。

那就是著名的「第二次維也納之圍（1683年）」。

面對鄂圖曼帝國軍的侵襲，利奧波德一世一度被逼到不得不放棄皇都逃離維也納。

危機就是轉機

不過，「危機」越大，隱藏在背後的「轉機」也越大。

此外，能否一次就扭轉乾坤，取決於如何找出這個「轉機」，以及能

（＊01）這裡的霸主是「諸侯盟主」之意。

（＊02）依據1699年的《卡洛維茨條約（Friede von Karlowitz）》，以及1718年的《帕薩羅維茨條約（Friede von Passarowitz）》。

否運用這個「轉機」。

　　利奧波德一世將鄂圖曼這次的侵襲定位為「基督教世界的危機」並大肆宣傳，成功地讓之前互相爭鬥的諸邦與諸國團結起來，自己則成為霸主（＊01）。

　　如果鄂圖曼帝國沒有大舉進攻，誰也想不到會有這種成果。

　　利奧波德一世沒有放過這個機會，他不僅擊退鄂圖曼軍還繼續進攻，成功逼得鄂圖曼帝國割讓匈牙利與外西凡尼亞等地（＊02），奧地利大公領地（＊03）因而一口氣增加了一倍。

　　於是，奧地利成了國力第一的德意志領邦，保住了德意志諸邦的盟主地位。

接二連三的繼承問題（哈布斯堡王朝第14代）

　　繼承他皇位的是兒子約瑟夫（Joseph I）（E/F-2/3），但約瑟夫在位期間經常為繼承問題傷腦筋。

　　他這一代的心力幾乎都投注在先王與法蘭西為了爭奪西班牙王位所發起的「西班牙王位繼承戰爭（E-3/4）」上，而他的長女瑪麗亞‧約瑟法（Maria Josepha）（F/G-3）嫁給薩克森公爵，次女瑪麗亞‧艾瑪莉亞（Maria Amalia）（F/G-2）嫁給巴伐利亞公爵（F/G-1），直到最後他還是沒有男嗣（＊04），故皇位由弟弟查理（E/F-4）繼承。

哈布斯堡王朝絕嗣（哈布斯堡王朝第15代）

　　父死子繼的繼承模式一旦被打破，就會走向不穩定的局勢。

　　果不其然，查理六世登基時（1711年）同樣沒有子嗣，再這樣下去家族恐怕要絕嗣了。

　　萬一發生這種情況，哈布斯堡家族擁有的廣大領地就有可能落入其他

（＊03）請注意，這裡說的是「奧地利大公領地」，而不是「神聖羅馬帝國領地」。

（＊04）長子利奧波德‧約瑟夫1歲就夭折了。

序章　家系國的基礎知識

第1章　英國的系譜

第2章　法國的系譜

第3章　神聖羅馬帝國的系譜

第4章　普奧的系譜

第5章　俄羅斯的系譜

第6章　丹挪希英的系譜

家族手中。

於是，查理六世在1713年頒布《國事詔書（家主繼承法）》，事先開闢女性也能繼承家主身分及財產的途徑。

這樣一來，即使自己沒有子嗣，也能夠由哥哥的女兒繼承。

哈布斯堡王朝斷絕（哈布斯堡王朝第15代）

之後，查理六世的長子也夭折（＊05）了，只剩下女兒，延續了300年的哈布斯堡王朝在這時確定絕嗣。

自1356年以來，神聖羅馬皇位都是「由選帝侯選出」，因此不承認女性繼承權，查理六世駕崩的同時也失去神聖羅馬帝國的皇位，但因為有《國事詔書》，最終成功保住了奧地利大公的頭銜，由女兒瑪麗亞·特蕾莎（Maria Theresia）（F-4）繼承。

不過，維持了300年的「奧地利大公兼任神聖羅馬皇帝」的體制就在此時瓦解了。

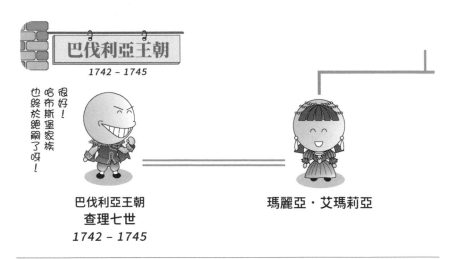

巴伐利亞王朝
1742 – 1745

很好！哈布斯堡家族也終於絕嗣了呀！

巴伐利亞王朝
查理七世
1742 – 1745

瑪麗亞·艾瑪莉亞

（＊05）利奧波德·約翰，得年7個月。

（＊06）查理七世是上上代皇帝約瑟夫一世的女婿，也是斐迪南一世外孫（巴伐利亞公爵威廉五世）的玄孫。

（＊07）斐迪南三世（D-5）之女（D/E-5）的孫子。

序章　家系圖的基礎知識

第 1 章　英國的系譜

第 2 章　法國的系譜

第 3 章　神聖羅馬帝國的系譜

第 4 章　普奧的系譜

第 5 章　俄羅斯的系譜

第 6 章　丹挪希英的系譜

巴伐利亞王朝成立

瑪麗亞・特蕾莎的丈夫法蘭茲一世（Franz I）（F-5）與上上代皇帝的女婿查理七世[*06]（F/G-1）爭奪皇位，之後便發展成「奧地利王位繼承戰爭」。

戰況起初是查理七世占上風，他還獲加冕為神聖羅馬皇帝，但之後遭到法蘭茲一世的反擊而接連戰敗，最後在失意中死去。

皇冠則落在法蘭茲一世的頭上。

洛林王朝的開始（洛林王朝第1代）

獲加冕為新皇帝的法蘭茲一世，既是瑪麗亞・特蕾莎的丈夫也是哈布斯堡家族的外孫[*07]，因此嚴格來說王朝在此更迭，是為「洛林王朝的伊始」。

不過，一般大多還是把之後的時代視為「哈布斯堡王朝」，這是因為查理六世將法蘭茲與瑪麗亞・特蕾莎夫妻的家名改成「哈布斯堡－洛林家族（Habsburg-Lothringen）」，故新王朝的名字裡保留了「哈布斯堡」之名[*08]。

話說回來，「刻意合併家名創造一個新家名，藉此在新王朝的名字裡保留舊王朝的名字」這種手法，各位是不是在哪裡聽過呢？

其實，這跟本書「第1章第9幕」中，伊莉莎白二世採用的方法一模一樣。

回顧歷史便會發現，伊莉莎白二世是「完全仿效哈布斯堡家族當時的做法[*09]」。

（＊08）因此，正確的王朝名號為「哈布斯堡－洛林王朝」，但一般都略後半部直接寫成「哈布斯堡王朝」。

（＊09）其實，哈布斯堡家族這種「表面上的王朝存續」手法，不只英國使用過，俄羅斯也曾仿效過（1762年）。詳情請參考本書「第5章第3幕」。

再度合而為一 （洛林王朝第2代）

　　就這樣，「奧地利大公」的地位暫時由瑪麗亞‧特蕾莎繼承，「神聖羅馬皇位」則由法蘭茲一世繼承，不過下一代的約瑟夫二世（G／H-4）繼承了母親的「奧地利大公爵位」，以及父親的「神聖羅馬皇位」，於是兩者再度合而為一。

　　然而，他登基後卻是前途坎坷。

　　因為這個時代正好發生「遊戲規則的改變」，從「絕對主義時代」邁入「自由主義階段」，面臨難以掌舵的時代趨勢。

幼樹可彎，老樹不曲

　　能夠越過「遊戲規則的改變」這道巨浪的，只有順應得了新時代的人而已。

　　約瑟夫二世若要求生存，就必須實施「近代化」，因應時代矯正帝國才行，但帝國是誕生於中世紀的硬邦邦「老樹」，硬是去彎曲它只會把它折斷，再加上近代化運動也虎頭蛇尾，最後導致國內陷入混亂。

瀕臨滅亡的神聖羅馬帝國 （洛林王朝第4代）

　　近代化失敗後，帝國的命運就已確定了。

　　下一代皇帝利奧波德二世是位英明的君主，但已「病危」的帝國實在難以經營，內政方面他努力收拾哥哥造成的政治混亂，外交方面則有俄、法、土、普包圍帝國，並接二連三地發動侵襲，他為了化解國難而四處奔走，也許是壓力過大的緣故，他才在位短短2年就駕崩，而後由兒子法蘭茲（H-5）繼承皇位。

（＊10）就連利奧波德二世所發布的《皮爾尼茨宣言（Pillnitzer Deklaration）》，其本意也是作為「避免開戰的權宜之計」，沒想到法蘭西革命政府卻誤以為這是在向他們宣戰。

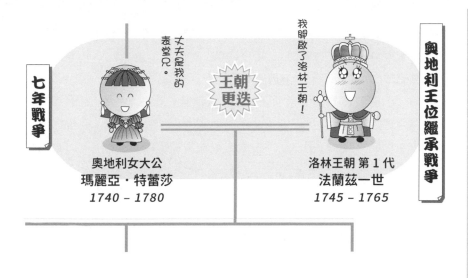

神聖羅馬帝國滅亡（洛林王朝第5代）

　　接著即位的法蘭茲二世成了「神聖羅馬帝國的末代皇帝」。

　　先帝重視內政，對於介入法國大革命一事始終保持謹慎態度[*10]，但他卻積極介入法國大革命。

　　之後，法國出現了革命梟雄拿破崙，而且他在1804年登基成為「皇帝」，法蘭茲二世得知此事後勃然大怒。

　　──「這個不知打哪兒來的賤民」竟敢自稱「皇帝」!?

　　法蘭茲二世身為歷史悠久的哈布斯堡家族的家主，他的爵位是「大公」[*11]，位階比那位「來歷不明的賤民」還要「低」[*12]。

　　火冒三丈的法蘭茲二世便在同一年自稱「奧地利皇帝」。

　　如此一來，他就是「神聖羅馬皇帝」兼「奧地利皇帝」了，但是好景不常。

　　之後他在1805年的奧斯特利茨戰役（Schlacht bei Austerlitz）大敗

（＊11）就連這個爵位都是源自於創始者魯道夫的「僭稱」。詳情請參考「第3章第4幕」。

（＊12）雖然他還擁有「神聖羅馬皇帝」這一帝號，但這是不具任何實權的「榮譽稱號」。

給拿破崙，導致奧地利在德意志失去了向心力，翌年1806年拿破崙集結除普魯士與奧地利以外的德意志諸邦建立「萊茵邦聯^(＊13)」，由於已無從屬於神聖羅馬帝國的領邦，神聖羅馬帝國到此就算是完全滅亡了。

　　時代已邁入19世紀，其他國家都陸續走過「近世」進入「近代」，只有「神聖羅馬帝國」是「名不符實」的國家，「理想與現實」完全相悖，猶如「中世紀的殘渣」般成了「在歷史洪流中被遺落的國度」，因此滅亡可說是「歷史的必然」吧。

　　伏爾泰（Voltaire）這句話說得真是對極了。

　　──「神聖羅馬帝國」既不「神聖」，也不「羅馬」，更非「帝國」。

指神聖羅馬皇帝

洛林王朝 第4代
法蘭茲二世
1792－1806

嗚嗚！
自查理大帝加冕以來
有千年歷史的帝國，
居然在我這一代終結了！

（＊13）Rheinbund，又稱為「萊茵聯盟」，這個聯盟與13世紀的「萊茵（城市）同盟」毫無關聯。

第4章　普奧的系譜

第1幕

為拿破崙的亡靈所苦

奧地利帝國

擁有千年歷史的「神聖羅馬帝國」就這樣落幕了，不過帝國在滅亡前誕下了兩顆「蛋」，那就是「奧地利帝國」與「普魯士王國」。接下來的德國史不能不提這兩個國家。那麼，本幕就先從「奧地利帝國」看起吧。

1745 – 1806

洛林王朝

哈布斯堡王朝

奧地利帝國

1804 – 1867

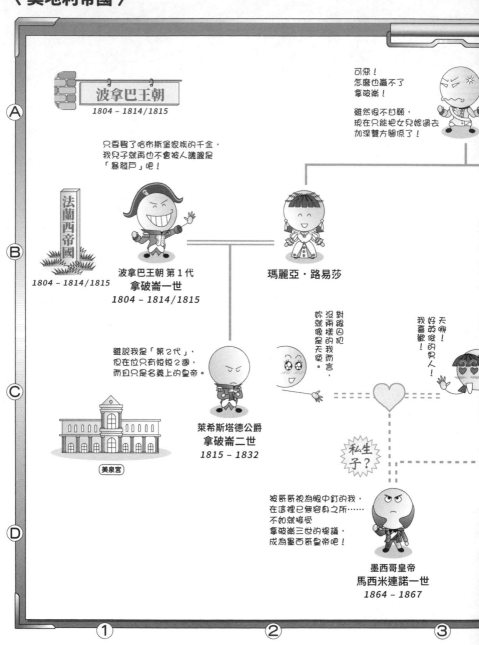

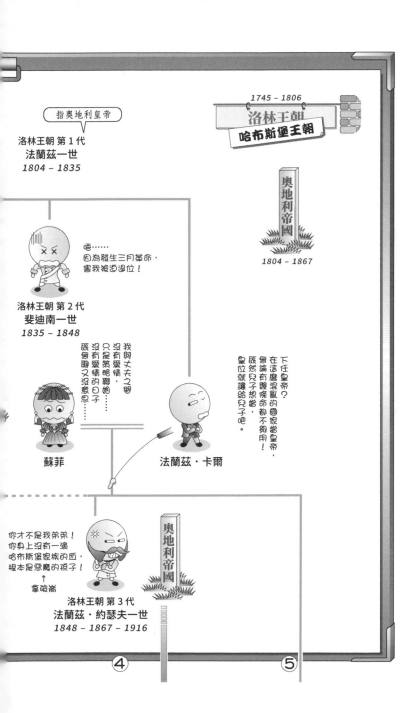

序章　家系圖的基礎知識

第 1 章　英國的系譜

第 2 章　法國的系譜

第 3 章　神聖羅馬帝國的系譜

第 4 章　普奧的系譜

第 5 章　俄羅斯的系譜

第 6 章　丹挪希英的系譜

就這樣，從查理大帝加冕算起，擁有千年歷史的「神聖羅馬帝國」終於滅亡了。

不過，「神聖羅馬帝國」在自己的生命結束前誕下了兩顆「蛋」。

那兩顆蛋分別是「奧地利帝國」與「普魯士王國」。

接下來的德國史，即是奧地利與普魯士兩大國爭奪主導權的歷史，因此我另開新章，從本幕開始透過家系圖俯瞰這兩大國的歷史。

那麼，我們先從奧地利的歷史看起吧。

與拿破崙的對決（洛林王朝第1代）

法蘭茲二世既是「神聖羅馬帝國末代皇帝」，同時也是「奧地利帝國第1代皇帝法蘭茲一世」。另外，如果說毀滅神聖羅馬帝國的元凶是拿破崙，那麼促使奧地利帝國建立的人也是拿破崙。這樣一看不禁讓人覺得，兩人之間有著很深的因緣。

對法蘭茲一世（A-3）而言，「拿破崙一世（B-1）」是他一輩子的宿敵，既然英國要組成「反法同盟」，他自然是立刻加入，夾擊拿破崙。

但是，「一切都陳舊過時的奧地利軍」，哪裡比得上「走在近代最尖端的法蘭西軍」。

他即位為奧地利皇帝之後不久就出醜，先是在1805年的「烏姆戰役（Schlacht bei Ulm）」吃了敗仗，皇都還因此被占領，之後起死回生跟俄軍一起在奧斯特利茨與法軍決戰，結果同樣慘敗。

迫使法蘭茲一世屈服後，拿破崙接著打倒普魯士、降伏俄羅斯，法蘭茲一世只能束手無策地看著拿破崙的統治範圍逐漸擴大到全歐洲，體會屈辱的滋味。

不過，無敵的拿破崙軍後來在「伊比利半島戰爭」陷入苦戰，得到消息的法蘭茲一世為了報一箭之仇而參加「第五次反法同盟」挑戰拿破崙，

（＊01）拿破崙失勢後，曾在回憶錄中表示「西班牙潰瘍將我逼向毀滅」，把西班牙半島戰爭比喻為「潰瘍」。

序章　家系圖的基礎知識

第1章　英國的系譜

第2章　法國的系譜

第3章　神聖羅馬帝國的系譜

第4章　普奧的系譜

第5章　俄羅斯的系譜

第6章　丹挪希英的系譜

結果還是慘敗。

連戰連敗而被逼到走投無路的法蘭茲一世，只得忍痛將愛女瑪麗亞‧路易莎（Marie-Louise）（B-2）嫁給可恨的拿破崙。

但是。

百戰百勝，非善之善者也

這是孫子的著名箴言，此外還有許多偉人說過類似的話。

──是以數勝得天下者稀，以亡者眾。（吳子）

──戰爭的勝利以五成為上，十成為下。（武田信玄）

無論項羽、呂布還是漢尼拔全都連戰連勝、百戰百勝，但等著他們的卻是「毀滅」。

拿破崙也不例外，「伊比利半島戰爭」成了他的「潰瘍（＊01）」，「遠征俄羅斯」則是致命傷，最後導致他失勢。

與民族主義對決（洛林王朝第1代）

拿破崙就這樣走下歷史舞臺，但一波剛平，一波又起，奧地利並未迎來平穩的生活。

因為「拿破崙」這個強敵雖然不在了，這次卻換成「拿破崙的亡靈」阻擋在奧地利前面。

其實，拿破崙在戰爭期間將「民族主義（＊02）」的理念散播到各國，拿破崙死後，奧地利必須跟這個在全歐洲萌芽的民族主義理念對抗不可。

與這個「亡靈」對抗的時代稱之為「維也納體系時期（1815～1848年）」，對奧地利而言，這個「看不見的敵人」比拿破崙還要難對付。

（＊02）「Nationalism」可譯為「民族主義」、「國民主義」、「國族主義」、「國粹主義」等等，通常會視前後文採用合適的翻譯名稱。

攆走體弱多病的皇帝（洛林王朝第2代）

斐迪南一世（B-3/4）就在這樣的時代下即位。

但是他體弱多病，不僅有癲癇症還有智能障礙，沒辦法在這種困難的局面中執行政務，因此國家實權掌握在由梅特涅（Klemens Wenzel von Metternich）主導的御前會議[*03]。

話說回來，拿破崙其實還留下了另一個「亡靈」，那就是他的獨生子拿破崙二世（C-2）。

奧地利不知道該怎麼處置他。

因為他雖然是可恨的拿破崙一世之子，但他的母親是斐迪南一世的姊姊瑪麗亞・路易莎（B-2）。

而且又不能像拿破崙那樣把他流放到遠方的孤島，於是就先給他「萊希斯塔德公爵[*04]」這個德式頭銜，然後將他軟禁在美泉宮（Schloss Schönbrunn）（C/D-1）。

當時，大公夫人蘇菲（Sophie）（C-3/4）厭倦了與丈夫法蘭茲・卡爾（Franz Karl）（C-4/5）這段沒有愛情的婚姻，每天過著無聊不已的生活。

因此當「萊希斯塔德公爵」出現之後，蘇菲很快就與他「親密」起來[*05]。

兩人經常幽會，當這位「高貴的囚犯[*06]」生病時，她也會無微不至地照顧他。

後來，蘇菲在這段期間懷孕了。

當時，這件事在愛嚼舌根的宮中成了絕佳話題。

——那肯定是萊希斯塔德公爵的孩子！

（＊03）正式名稱為「祕密國家會議（Geheime Staatskonferenz）」。斐迪南一世負責的政務，只有簽署會議提出的文件而已。

（＊04）萊希斯塔德（Reichstadt）即為「帝國（Reich）城市（Stadt）」之意。

（＊05）不清楚蘇菲對他抱持的是「對情人的愛情」，還是「像姊弟那樣的感情」。

序章　家系圖的基礎知識

第1章　英國的系譜

第2章　法國的系譜

第3章　神聖羅馬帝國的系譜

第4章　普奧的系譜

第5章　俄羅斯的系譜

第6章　丹挪希英的系譜

而這個誕生下來的「醜聞之子」，就是日後成為墨西哥皇帝的馬克西米連（D-2/3）。

至於醜聞的男主角萊希斯塔德公爵，則在馬克西米連出生16天後就去世了。

實質上的「末代」皇帝（洛林王朝第3代）

這段期間，政治情勢仍無時無刻都在惡化，就連管理國家的梅特涅也無法克服困境而失勢，此外成了傀儡的斐迪南一世也被趕到國外。

接下來繼位的不是他的弟弟法蘭茲・卡爾（＊07），而是弟弟的兒子法蘭茲・約瑟夫（D-4）。

他正是奧地利帝國實質上的「末代皇帝」。

因為他駕崩後雖由姪孫即位為卡爾一世（Karl I），但卡爾一世沒有任何實權，在位2年就被逼到退位。

法蘭茲・約瑟夫一世（Franz Joseph I）在位時間長達68年，他不僅在政治上大展身手，還抑制革命運動，並且鎮壓趁著革命風潮在捷克與匈牙利爆發的獨立運動，使國家獲得了暫時的安定。

悲劇皇帝馬西米連諾

至於在宮廷裡，法蘭茲・約瑟夫一世把「身世成謎」的弟弟馬克西米連視為眼中釘。

馬克西米連遭皇帝百般刁難，失去了容身之所。

就在這時，拿破崙三世跑來慫恿他。

「這次我國要在墨西哥建立帝國，

想請你坐上那個寶座。

不知你意下如何？」

（＊06）當時的人都暗地裡譏諷拿破崙二世為「奧地利的高貴囚犯」。

（＊07）法蘭茲・卡爾似乎本來就對政治完全沒興趣，更別說是經營這麼難治理的國家，因此斐迪南一世被趕到國外後，他就立刻拒絕繼位並將皇位讓給兒子。

其實當時，法國剛結束出征墨西哥的行動（1861～1867年），想派可信任的人物管理墨西哥，而馬克西米連雀屏中選。

拿破崙三世多半也相信馬克西米連的「身世傳聞」吧。

畢竟如果那則「傳聞」是真的，馬克西米連就是「拿破崙一世的直系後裔」，是波拿巴家族的一分子。

就這樣，失去容身之所的馬克西米連最後接受拿破崙三世的提議，渡海來到墨西哥即位為墨西哥帝國第1代皇帝馬西米連諾一世（Maximiliano I）。

雖然他個性認真，當上「皇帝」後就拚命工作，但他終究只是拿破崙三世的傀儡，無法隨心所欲地行動，而且在位只有短短3年，最後被叛軍逮捕槍決，結束這段悲慘的人生。

被哥哥視為眼中釘的我，
在這裡已無容身之所……
不如就接受
拿破崙三世的提議，
成為墨西哥皇帝吧！

墨西哥皇帝
馬西米連諾一世
1864 - 1867

你才不是我弟弟！
你身上沒有一滴
哈布斯堡家族的血，
根本是惡魔的孩子！
↑
拿破崙

洛林王朝 第3代
法蘭茲・約瑟夫一世
1848 - 1867 - 1916

奧地利帝國

第4章 普奧的系譜

第2幕

哈布斯堡的末路

奧匈雙元帝國

慘敗給普魯士（普奧戰爭）的奧地利顏面盡失，陷入瓦解的危機。雖然與匈牙利組成雙元帝國後勉強保住命脈，但之後依然為繼承人問題苦惱，皇儲的不幸事件更成了第一次世界大戰的導火線，導致稱霸近世的哈布斯堡王朝終於走向滅亡。

唔啊～～～！
么弟比我早死，
姪子也愛上貴族之女
不聽我的話，
大戰爆發後又連戰連敗！

洛林王朝 第3代
法蘭茲·約瑟夫一世
1848－1867－1916

〈奧匈雙元帝國〉

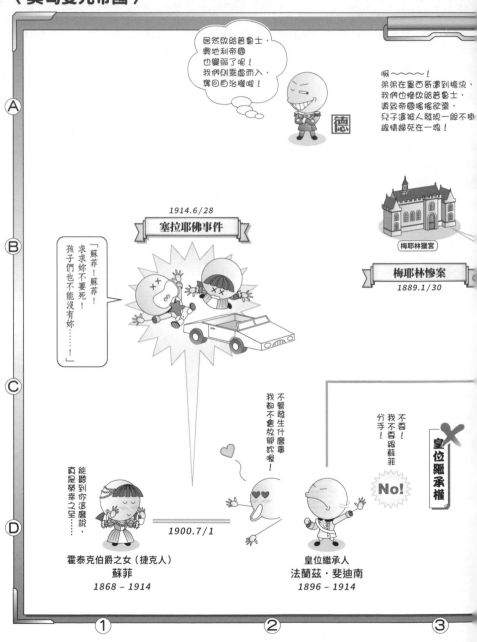

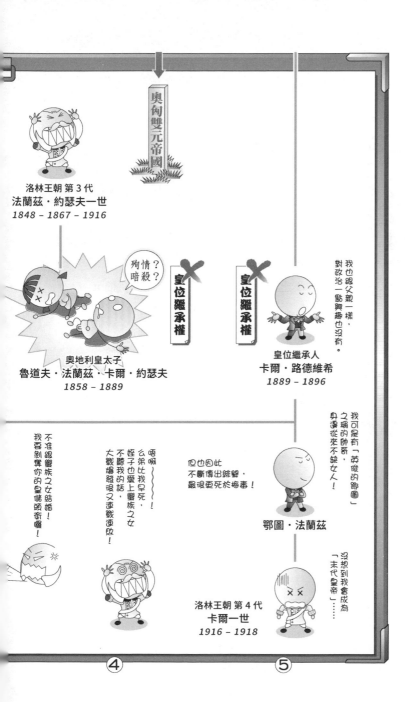

序章　家系圖的基礎知識

第 1 章　英國的系譜

第 2 章　法國的系譜

第 3 章　神聖羅馬帝國的系譜

第 4 章　普奧的系譜

第 5 章　俄羅斯的系譜

第 6 章　丹挪希英的系譜

雖然法蘭茲・約瑟夫一世在政治方面大展身手，但任何人都反抗不了「歷史洪流」。

在這段漫長的統治期間，他無論做什麼都不順利，處處充滿了考驗與困難。

奧匈雙元帝國（洛林王朝第3代）

他才鎮壓完維也納三月革命與之後的動亂（＊01），隨後義大利就出現加富爾（Camillo Benso, Conte di Cavour）這號人物，他成了法蘭茲・約瑟夫一世的「潰瘍」。

不久加富爾就發起「義大利統一戰爭」，奧地利敗給有法軍支持的薩丁尼亞軍，失去了倫巴底。

繼加富爾之後，接著出現的是普魯士首相俾斯麥（Otto von Bismarck）（＊02）。

他也發起「統一戰爭」，將奧地利軍打了個落花流水（＊03）。奧地利帝國接連敗給薩丁尼亞、普魯士這些新興小國，權威因而墜入谷底。

在這種情勢下，看不起奧地利的匈牙利也瀰漫著不安定的氛圍，法蘭茲・約瑟夫一世擔心「現在帝國因接連戰敗而滿目瘡痍，要是匈牙利也發起獨立運動，帝國就瓦解了！」於是決定與匈牙利「妥協」，給予他們自治權。

此後到帝國滅亡為止，奧地利改稱為「奧匈雙元帝國」。

皇位繼承人問題（洛林王朝第3代）

除了外交上接連遭遇這些辛酸與苦境，家人也有各種令他煩惱不完的問題。

（＊01）這些動亂總稱為「1848年革命」或「人民之春」等等。

（＊02）加富爾在1861年去世，俾斯麥則在1862年成為普魯士首相。

（＊03）指1866年的「普奧（普魯士－奧地利）戰爭」。

　　法蘭茲・約瑟夫一世本來有個名正言順的「皇太子」，沒想到某天，那位皇太子（魯道夫）竟然被人發現在獵宮裡「一絲不掛地與情婦死在一塊（B-4）」，丟光皇室的臉。

　　這件事被稱為「梅耶林慘案（Mayerling incident）（B-3）」，至今仍不清楚兩人是殉情，還是遭到暗殺後再偽裝成殉情，唯一可以確定的是「沒辦法由直系後代繼承皇位了」。

　　繼承混亂時，就是國家衰退時。

　　假如已經衰退，這時國家就會走向滅亡。

　　當時奧地利正以超越翻覆極限[*04]之勢持續衰退，因此可以預料到帝國的命運已是「死路一條」。

　　由於唯一的皇太子已死，法蘭茲・約瑟夫一世只好立弟弟卡爾・路德維希（Karl Ludwig）（B-5）為「皇太弟」，但是他對皇位沒興趣，而且不久也死了，結果又回到原點。

　　接著換弟弟的兒子法蘭茲・斐迪南（Franz Ferdinand）（D-2/3）雀屏中選，法蘭茲・約瑟夫一世決定將他立為「皇太姪」。

　　但是，他同樣有一個問題。

　　法蘭茲・斐迪南堅決表示：「無論如何我就是要跟身為捷克人的伯爵千金蘇菲（Sophie Chotek von Chotkowa）（D-1）結婚！」

　　──怎麼能讓區區一個擔任女官的伯爵[*05]之女，而且還是捷克人的「下賤之血」，混進高貴的哈布斯堡家族血統裡！

　　若從現代的角度來看，這是非常嚴重的「歧視言論」，不過當時歐洲貴族普遍都有這種想法，並非只有法蘭茲・約瑟夫一世是特別偏激的歧視主義者。

　　無論是威脅他「如果一定要娶她，我就剝奪你的皇位繼承權！」還是哄他「我幫你介紹其他家世更好、長得更美的女人！」法蘭茲・斐迪南就

（＊04）指船體失去「復原力」，無法恢復直立狀態的傾斜程度。

（＊05）但哈布斯堡家族直到 13 世紀為止也是「伯爵」。

是置若罔聞。

他這麼回答法蘭茲・約瑟夫一世。

「蘇菲確實不漂亮。

她年紀也不小了，家世又不顯赫，個子也比一般女性還要高，

而且太瘦了，就算要客套也沒辦法說她身材好。

但是對我而言，她那雙明亮的眼睛比任何人都有魅力！」

傷透腦筋的法蘭茲・約瑟夫一世也曾考慮讓法蘭茲・斐迪南的弟弟鄂圖（C/D-5）成為繼承人，但他不斷與女性傳出緋聞，一想到「自家兒子的死狀」，鄂圖實在不是適合的人選。

鄂圖的兒子卡爾（D-5）當時年紀還小，要立為皇位繼承人還太早。

於是，法蘭茲・約瑟夫一世最後妥協，決定「在卡爾成年之前，同意先由法蘭茲・斐迪南代打繼承皇位，但他與蘇菲所生的『骯髒血統』之子沒有皇位繼承權。下任皇帝由卡爾繼位」。

可是，法蘭茲・斐迪南最終沒有登上皇位。

因為他到塞拉耶佛訪問時，遭到塞爾維亞青年槍殺身亡。

這件事引發了「第一次世界大戰」，當時奧地利帝國仍保持近代以前的過時體制，因而在大戰中連戰連敗，最後法蘭茲・約瑟夫一世就在形勢極為不利的1916年失意駕崩。

他在位68年，享壽86歲。

之後繼位的是年輕皇帝卡爾一世，當時的情勢對他而言負擔太大了。

雖然他也很努力奮鬥要讓帝國存續下去，但最終還是不得不退位、流亡，於是哈布斯堡家族的統治到此徹底終結。

第3幕

奧地利的對手登場

普魯士王國

誕生於中世紀、稱霸近世的奧地利，在進入近代之後就急速衰退。與此同時，普魯士像是要取而代之般逐漸嶄露頭角。諷刺的是，將普魯士升格為「王國」、給予日後發展機會的正是奧地利。

終於當上夢寐以求的「國王」了！

霍亨索倫王朝 第1代
腓特烈一世
1701－1713

〈 普魯士王國 〉

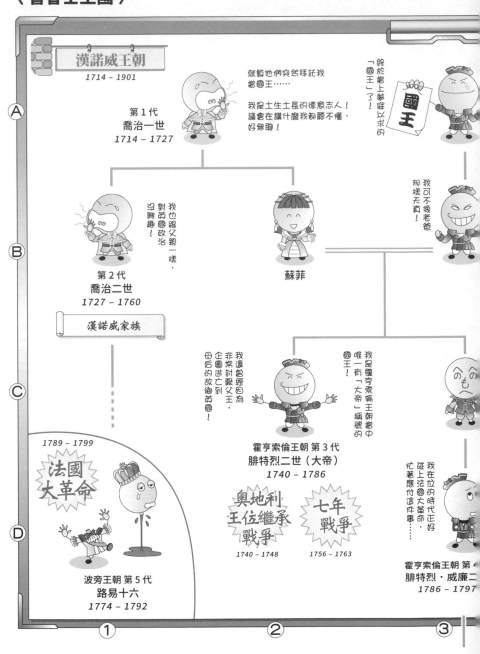

漢諾威王朝
1714 - 1901

第1代
喬治一世
1714 - 1727

就算他們突然拜託我當國王……

我是土生土長的德意志人！議會在講什麼我都聽不懂，好無聊！

終於當上夢寐以求的「國王」了！

國王

第2代
喬治二世
1727 - 1760

我也跟父親一樣，對英國政治沒興趣！

蘇菲

我可不像老爸那樣天真！

漢諾威家族

我還曾經因為非法討厭國王，企圖逃亡到母后的故鄉英國！

我是霍亨索倫王朝當中唯一有「大帝」稱號的國王！

霍亨索倫王朝 第3代
腓特烈二世（大帝）
1740 - 1786

1789 - 1799
法國大革命

波旁王朝 第5代
路易十六
1774 - 1792

奧地利王位繼承戰爭
1740 - 1748

七年戰爭
1756 - 1763

我在位的時代正好碰上法國大革命，忙著應付這件事……

霍亨索倫王朝 第4代
腓特烈·威廉二世
1786 - 1797

① ② ③

西班牙
王位繼承
戰爭

1701 – 1713

霍亨索倫王朝 第 1 代
腓特烈一世
1701 – 1713

我要建置
常備軍與官僚制，
建立絕對君主制！

霍亨索倫王朝 第 2 代
腓特烈·威廉一世
1713 – 1740

奧古斯特·威廉

霍亨索倫王朝

1701 – 1918

霍亨索倫家族

建立絕對君主制

官僚制　　常備軍

· 建置官僚制　　· 擴充常備軍
· 肅清冗官　　　· 堅持重商主義

1745 – 1806

洛林王朝
哈布斯堡王朝

在事情波及到我們之前
得想個辦法才行！

就在這裡發布宣言，
如何？

皮爾尼茨宣言

……不過，我也不希望
事情變得更糟……

洛林王朝 第 3 代
利奧波德二世
1790 – 1792

④　　　　⑤

奧地利帝國就這樣滅亡了。

不過，早在奧地利帝國滅亡的80多年前，「德意志的主角」就已從奧地利轉變成普魯士了。

本幕就來看看，取代奧地利成為德意志新主角的普魯士歷史吧。

夢寐以求的王位（霍亨索倫王朝第1代）

西班牙國王卡洛斯二世駕崩時，法蘭西（路易十四）與奧地利（利奧波德一世）曾為了王位繼承權而陷入一觸即發的狀態[*01]。

普魯士公爵腓特烈（A-3/4）之前就覬覦隸屬於奧地利、地下資源豐富的西利西亞（Schlesien），因此一見到法奧相爭便認為是千載難逢的好機會。

「很好，等奧地利跟法蘭西開戰，

我國就站到法蘭西這邊，

夾擊奧地利奪下西利西亞吧！」

不過，利奧波德一世也察覺到這種危險，主動親近普魯士。

——我們都是德意志人，這次可以請貴國支援我國嗎？

哎呀，我也不會白白要你們幫忙。

如果願意加入我國陣營，我就授予貴國「國王稱號」！

由於奧地利能以「神聖羅馬皇帝」的地位授予國王稱號，利奧波德一世便利用這點拉攏普魯士。

大約從17世紀開始，普魯士就逐漸成長為僅次奧地利的領邦，儘管實力強大，爵位卻依然很低[*02]，因此普魯士公爵一直很渴望晉升王位，但就是苦無機會，只能滿心焦急地等待。

就在這時，奧地利提出了這樣誘人的條件。

「雖然我確實非常渴望奪下西利西亞，

（＊01）指「西班牙王位繼承戰爭」。請參考本書「第2章第5幕」與「第3章第7幕」。

（＊02）只擁有公爵（普魯士）與伯爵（布蘭登堡）這2個爵位。

反正日後機會多得是！

不過，能夠受封為國王的機會只有這一次了！」

於是，普魯士放棄西利西亞，選擇換取「國王稱號」，終於如願升格為「普魯士王國」。

這就是日後「德意志第二帝國」的「起點」。

邁向絕對主義之路（霍亨索倫王朝第2代）

第2代國王正是他的兒子腓特烈・威廉（Friedrich Wilhelm I）（B-3/4）。

說來也很奇怪，霍亨索倫（Hohenzollern）家族歷代都「父子關係不睦」，當時也是如此，父親把心力投注在文藝上導致財政惡化，反觀兒子則徹底轉為軍國主義，肅清冗官^{（＊03）}並建置官僚制。

軍備擴張與政治改革需要花龐大的費用，因此這種時候財政通常會惡化，不過腓特烈・威廉一世堅持重商主義，所以也達成了解決父親留下的財政赤字這項偉業。

四足者無羽翼，戴角者無上齒

自古以來大家都說「天不賜二物」，鮮少有人會同時擁有完全相反的才能。

腓特烈・威廉一世也是如此，在宮廷裡身為「君主」的他或許是「明君」，但是在家庭裡身為「父親」的他卻是「暴君」，因此王太子腓特烈（C-2）很討厭他。

（＊03）指無用的官職，或是派不上用場的官員。

序章 家系圖的基礎知識

第1章 英國的系譜

第2章 法國的系譜

第3章 神聖羅馬帝國的系譜

第4章 普奧的系譜

第5章 俄羅斯的系譜

第6章 丹挪希英的系譜

「大帝」時代（霍亨索倫王朝第3代）

跟重武的父王不同，王太子喜歡文藝與哲學，他痛恨全盤否定這些事物的父親，由於母親蘇菲（Sophia Charlotte）（B-2）是英國人[*04]，他還曾企圖逃亡到英國[*05]。

但是，那麼討厭、否定父王的他，即位為「腓特烈二世」後，卻繼續承接父親的成就，建置絕對主義體制，採取重商主義政策[*06]。

他在「奧地利王位繼承戰爭」與「七年戰爭」等大戰中奮戰到底，終於奪取了西利西亞實現多年以來的宿願，並奠定「開明專制君主」體制的基礎。

「革命」的時代（霍亨索倫王朝第4代）

由於腓特烈二世沒有子嗣，他駕崩後便由姪子腓特烈・威廉（D-3）繼位。

腓特烈・威廉二世的時代幾乎與法國大革命（D-1）時期重疊，導致他在位期間都忙著應付法國大革命。

或許是這個緣故，他的國內政策沒什麼值得一看之處，不過他在宮廷裡情婦眾多，婚生子女及非婚生子女也很多，因而有「風流胖子」這個不體面的綽號。

（＊04）母后（蘇菲）的父親是英王喬治一世。因此，英王喬治三世是腓特烈二世的表姪。

（＊05）他差一點就逃亡成功，最後以未遂收場。

（＊06）日本也曾上演「一直批評執政黨政策的在野黨取得政權後就改變立場，採取直到昨天還全盤否定的相同政策」這種「鬧劇」，當時的情形就像這樣。

第4章　普奧的系譜

第4幕

由天才創造、由凡人破壞的帝國

德意志第二帝國

到了19世紀，德意志人渴望實現「德意志統一」這個宏願，但要統一長期分裂的國家並不容易，能夠達成這件事的總是天才，而摧毀成果的總是凡人。這次完成這項偉業的人是俾斯麥，摧毀其成果的人則是威廉二世。

初代皇帝

德意志第二帝國皇帝 第1代
威廉一世
1871 – 1888

〈 德意志第二帝國 〉

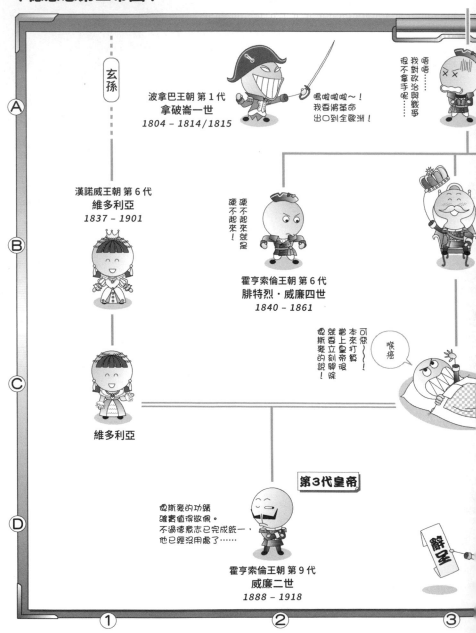

玄孫

波拿巴王朝 第 1 代
拿破崙一世
1804 – 1814/1815

嗚啊啊啊～！
我要將革命
出口到全歐洲！

唔唔…我對政治與戰爭
很不拿手呢……

漢諾威王朝 第 6 代
維多利亞
1837 – 1901

硬不起來就叫
硬不起來！

霍亨索倫王朝 第 6 代
腓特烈·威廉四世
1840 – 1861

可惡～～！
本來打算
當上皇帝後
就要立刻刪除
俾斯麥的說！

喉癌

維多利亞

第3代皇帝

俾斯麥的功績
確實值得敬佩。
不過德意志已完成統一，
他已經沒用處了……

霍亨索倫王朝 第 9 代
威廉二世
1888 – 1918

辭呈

A

B

C

D

① ② ③

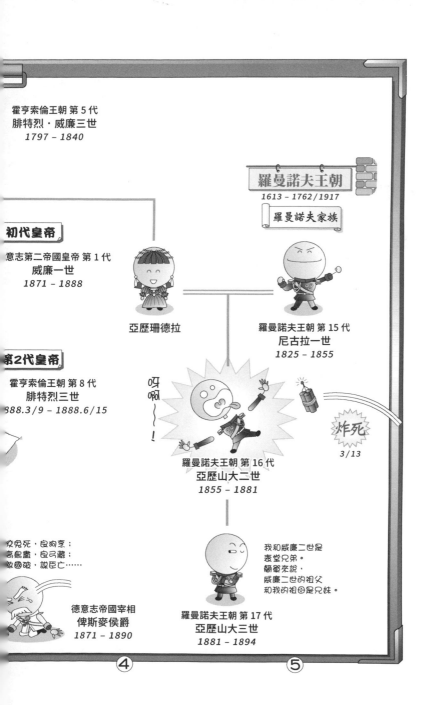

序章　家系圖的基礎知識

第 1 章　英國的系譜

第 2 章　法國的系譜

第 3 章　神聖羅馬帝國的系譜

第 4 章　普奧的系譜

第 5 章　俄羅斯的系譜

第 6 章　丹挪希英的系譜

霍亨索倫王朝 第 5 代
腓特烈・威廉三世
1797 – 1840

羅曼諾夫王朝
1613 – 1762/1917

羅曼諾夫家族

初代皇帝

意志第二帝國皇帝 第 1 代
威廉一世
1871 – 1888

亞歷珊德拉

羅曼諾夫王朝 第 15 代
尼古拉一世
1825 – 1855

第 2 代皇帝

霍亨索倫王朝 第 8 代
腓特烈三世
1888.3 / 9 – 1888.6/15

呀啊───！

炸死
3/13

羅曼諾夫王朝 第 16 代
亞歷山大二世
1855 – 1881

狡兔死，良狗烹；
高鳥盡，良弓藏；
敵國破，謀臣亡⋯⋯

德意志帝國宰相
俾斯麥侯爵
1871 – 1890

羅曼諾夫王朝 第 17 代
亞歷山大三世
1881 – 1894

我和威廉二世是
表堂兄弟。
簡單來說，
威廉二世的祖父
和我的祖母是兄妹。

④

⑤

如同前述，第1代國王腓特烈一世的時代都在打「西班牙王位繼承戰爭」，第3代國王腓特烈二世的時代則是積極投入「奧地利王位繼承戰爭」與「七年戰爭」，到了第4代國王腓特烈・威廉二世的時代則被「法國大革命」折騰。

在這樣的歷史下，接著即位的是先王的長子「腓特烈・威廉三世（A-3/4）」。

「反動」的時代（霍亨索倫王朝第5代）

「兒子痛恨父親」可說是霍亨索倫家族的「傳統」，王太子時期的腓特烈・威廉三世同樣很厭惡父王的「風流」。

因此他沒有情婦，十分專情於妻子，在家庭裡是個「好老公」，但身為動亂時期的君主卻很無能[*01]。

他登基後不久，「法國大革命」終於結束，但事情不僅沒有落幕，接下來還冒出一個「拿破崙（A-2）」將全歐洲鬧得天翻地覆，腓特烈・威廉三世必須對抗這個「拿破崙的威脅」才行。

然而，面對拿破崙軍他卻束手無策連戰連敗[*02]，不僅被拿破崙軍占領首都柏林，還割讓了一半的國土，受盡屈辱。

由於身邊有優秀的臣子，他把失敗化為養分實施「普魯士改革」，成功振興國家，但當拿破崙失勢、迎接「維也納體系」時代後，他立刻迎合時代強行實施反動政策，由此即可看出他是一位搖擺不定且無能的君主。

「民族主義」的時代（霍亨索倫王朝第6代）

腓特烈・威廉三世駕崩後，由長子腓特烈・威廉四世（B-2）繼位。

他在位期間，正值「維也納體系」下，右翼（反動政治）與左翼（民族主義運動）的均勢開始失衡的時代，到了1848年，鄰國法蘭西與奧地

（＊01）如果他生在太平之世，應該會成為受國民愛戴的「善良國王」吧。就這點來看，他跟法國的「路易十六」很像。

利分別爆發「二月革命」與「三月革命」這些打倒反動政權的重大事件，普魯士也遭受波及而陷入混亂。

雖然腓特烈・威廉四世好不容易度過這個難關，但也許是多年的壓力所致，不久他的精神就出了狀況，因此由弟弟威廉攝政。

從「王國」到「帝國」（霍亨索倫王朝第7代）

最後腓特烈・威廉四世無嗣而崩，故由弟弟威廉繼位。

至於他正是日後成為「德意志第二帝國第1代皇帝」的威廉一世（B-3/4）。

他即位為普魯士國王的那一年（1861年），跟德意志一樣長期分裂的義大利達成了「統一」。

這件事當然刺激了威廉一世，但無論古今東西，要「統一」已分裂百年以上的國家並非易事，能夠達成的人不是「天才」就是「異類」。

在日本，稱霸戰國時代、差點就達成天下布武的「織田信長」便是如此；在中國，結束春秋戰國的分裂、建立中國首個統一帝國的「始皇帝」也是如此；在伊斯蘭世界，結束薩法維（Safavid）王朝瓦解後的長期分裂時代、統一全伊朗的「阿迦・穆罕默德・汗（Agha Mohammad Khan）」亦然。

威廉一世也認為「一般人無法完成這項偉業」，因此他拔擢某個人擔任首相。

這個人正是年輕時遭人譏諷為「瘋狂貴族」、「邪惡之人」、「怪胎」的奧托・馮・俾斯麥。

大器包不進小布，放不進小箱

不過，像他這種年輕時招致周遭人反感的脫韁之馬，往往是不受「社

（＊02）例如耶拿－奧爾施泰特戰役（Schlacht bei Jena und Auerstedt）。

序章　家系圖的基礎知識

第1章　英國的系譜

第2章　法國的系譜

第3章　神聖羅馬帝國的系譜

第4章　普奧的系譜

第5章　俄羅斯的系譜

第6章　丹挪希英的系譜

會框架」限制的「大器」，如果不是這樣的人物，就沒辦法完成「任何人都無法達成的偉業」(＊03)。

果不其然，俾斯麥只花了10年，就完成任何人都覺得「束手無策」的統一天下偉業。

敵國破，謀臣亡（霍亨索倫王朝第7代）

俾斯麥或許確實是名垂青史的知名宰相，但也因為如此，當「政治目的」達成後，接下來的路就難走了。

狡兔死，良狗烹；
高鳥盡，良弓藏

中國的范蠡（少伯）與文種是在軍政兩方面支持越王勾踐的名臣，然而打倒宿敵吳國後，兩人的命運卻大不相同。

消滅宿敵吳國後，范蠡立刻離開越國而逃過一劫，反觀留在越國的文種則被越王勾踐賜劍(＊04)。

另外還有秦國的商鞅、吳國的伍員（子胥）、楚國的吳起、漢朝的韓信……。

若要舉例的話真是多到數不清，總之那些支持國家的名臣或名將，一旦「任務完成」就會面臨被殺的命運。

俾斯麥也一樣。

第1代皇帝在世時還不要緊，但他的長子腓特烈（C-3）卻打算「等自己登基後就要立刻開除俾斯麥」。

（＊03）小時候若被眾人誇讚是「天才！」、「神童！」的話，反倒是因為這個孩子完全符合「社會框架」，如果從小就「完全符合大人設定的框架」，這樣的孩子大多本來就是小人物，通常「過了二十歲以後就是平凡人」。真正的大人物（大器）是不受「社會框架」限制的，因此小時候的評價大多很差。

（＊04）皇帝「賜劍」給臣子，即是要對方「自盡」。

不過，腓特烈登基後不久便病倒，在位短短100天就駕崩了，因此俾斯麥的政治生命又延長了一點點。

走向「新路線」（霍亨索倫王朝第9代）

腓特烈三世駕崩後，由他的長子威廉二世（D-2）繼位。

俄羅斯沙皇亞歷山大三世（D-4/5）與他是表堂兄弟，而亞歷山大三世之子尼古拉二世是「羅曼諾夫王朝的末代皇帝」，威廉二世則是「霍亨索倫王朝的末代皇帝」。

重新俯瞰一次霍亨索倫家族截至目前為止的家系圖可以看出，跟其他家族相比，霍亨索倫家族的「父死子繼」繼承模式較為穩定。

皇位不是父死子繼模式的，只有腓特烈大帝與腓特烈·威廉四世這兩代（＊05）。

我們在前面學過「王位繼承穩定國家就安泰，王位繼承混亂國家就衰退」這項歷史原則。

從這項原則來看，「德意志第二帝國」建立以後一直都是穩定地「父死子繼」，因此照理說帝國本該安泰才對，然而實際上到了威廉二世這一代，帝國不只「衰退」還一下子就滅亡。

這是怎麼回事呢？

其實，這可完全歸因於「威廉二世超乎想像的無能」。

他在政治上的所作所為，無一不是失策、失態、失敗與失誤。

首先，他一登基就立刻辭退創建帝國的元老俾斯麥。

這個帝國是「由俾斯麥創造，由俾斯麥支撐」，因此若要比喻的話，此舉就像是抽走了「天守閣的心柱（＊06）」。

雖然心柱被抽走後，只要沒發生什麼事，天守閣就不會立刻崩塌，不過一旦搖晃起來就會一下子垮掉。

（＊05）腓特烈大帝生前不曾與王后行房，但他也沒有情婦，因此被懷疑是「同性戀者」（事實如何不得而知），至於腓特烈·威廉四世則有「勃起功能障礙（性無能）」。

此外，俾斯麥花費20年心血建立的德意志安全保障體系（＊07），威廉二世也毫不愛惜地破壞（＊08）。當奧地利與塞爾維亞在巴爾幹半島上發生糾紛時，他輕易地給了奧地利開戰的承諾，結果這成了「第一次世界大戰」的引爆劑。

當年俾斯麥恐懼到做惡夢，為了防止這種情形而奔走的努力，就在這一瞬間化為泡影。

而且俾斯麥為防萬一所打造的「保險栓（俾斯麥體系）」，早就被威廉二世破壞殆盡，因此德意志在大戰中遭到法、俄從東西兩方夾擊，最後帝國就這樣走向滅亡。

面對「無能君主」的破壞力，「王位繼承」再穩定也支撐不了國家。

狡兔死，良狗烹；
高鳥盡，良弓藏；
敵國破，謀臣亡……

跪倒！

德意志帝國宰相
俾斯麥侯爵
1871 – 1890

（＊06）貫穿天守閣各層的中心柱。

（＊07）即所謂的「俾斯麥體系」。

（＊08）後世將他的這項政策稱為「世界政策（Weltpolitik）」或「新路線（Neuer Kurs）」。

第5章 俄羅斯的系譜

第1幕

因先帝一時衝動而誕生的王朝

羅曼諾夫王朝的成立

現代俄羅斯的原型誕生於9世紀左右，但當時的王朝「留里克王朝」長久以來都沒獲得君主頭銜。直到15世紀以後，俄羅斯才終於擁有「沙皇」這一頭銜，然而不久之後王朝就滅亡了。繼承留里克王朝遺產的則是「羅曼諾夫王朝」。

羅曼諾夫王朝
1613－1762/1917

羅曼諾夫王朝 第1代
米哈伊爾·F·羅曼諾夫
1613－1645

多虧雷帝在盛怒之下失手殺死兒子，王冠才落到我的手上！

〈 羅曼諾夫王朝的成立 〉

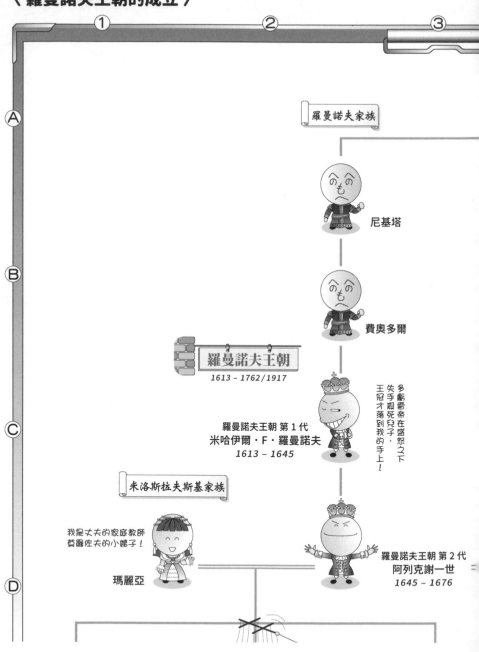

尼基塔

費奧多爾

羅曼諾夫家族

羅曼諾夫王朝
1613 – 1762/1917

羅曼諾夫王朝 第 1 代
米哈伊爾・F・羅曼諾夫
1613 – 1645

米洛斯拉夫斯基家族

我是丈夫的家庭教師
莫羅佐夫的小姨子！

瑪麗亞

多鬍雷帝在盛怒之下
失手殺死兒子，
王冠才落到我的手上！

羅曼諾夫王朝 第 2 代
阿列克謝一世
1645 – 1676

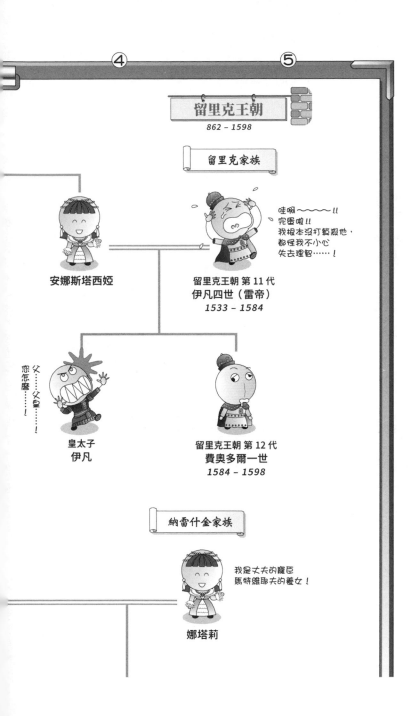

④　⑤

留里克王朝
862 – 1598

留里克家族

安娜斯塔西婭

留里克王朝 第 11 代
伊凡四世（雷帝）
1533 – 1584

哇啊～～‼
完蛋啦‼
我根本沒打算殺他，
都怪我不小心
失去理智……！

皇太子
伊凡

父……父皇……！
您怎麼……！

留里克王朝 第 12 代
費奧多爾一世
1584 – 1598

納雷什金家族

娜塔莉

我是丈夫的寵臣
馬特維耶夫的養女！

序章　家系圖的基礎知識

第 1 章　英國的系譜

第 2 章　法國的系譜

第 3 章　神聖羅馬帝國的系譜

第 4 章　普奧的系譜

第 5 章　俄羅斯的系譜

第 6 章　丹挪希英的系譜

本 章就帶各位透過家系圖，看看上一幕出現過一下下的俄羅斯帝國歷史吧。

俄羅斯的原型最早誕生於９世紀左右。

當時諾曼民族在北海與波羅的海到處肆虐，這段期間英國誕生了丹麥王朝，法國誕生了諾曼第公國，兩者的歷史前面已經說明過了，至於俄羅斯這邊也誕生了「諾夫哥羅德大公國（Новгородская республика）」，這即是俄羅斯的原型。

首個王室是「留里克家族（Рюриковичи）」，不過600多年來他們都只能使用「公爵（Князь）」、「大公（Великий князь）」等爵位，一直未能獲得君主頭銜（＊01）。

為他們製造機會獲得君主頭銜的人是伊凡三世（Иван Ⅲ）。

首個君主頭銜是「自稱」（莫斯科大公第9代）

其實，一個王朝會成為「長期王朝」還是「短期王朝」，取決於它能否具備「權威」。

王朝建立時，王室就已擁有「權力」，但是並未具備「權威」。

用了象箸後，接著就想要玉杯

不過，就像人「能夠使用象牙筷子後，接著就想要玉製杯子」，君王有了「權力」後，接下來就會想要「權威」。

但是，要具備「權威」是非常困難的事。

因此古今中外，歷代王朝常用的手段，就是「向該文化圈裡的權威人士借權威」。

以日本為例，豐臣秀吉與德川家康在擁有「權力」之後，分別獲得日

（＊01）不過事實上他們是「君主」。就這點來說跟17世紀的普魯士公爵很像。

序章　家系圖的基礎知識

第 1 章　英國的系譜

第 2 章　法國的系譜

第 3 章　神聖羅馬帝國的系譜

第 4 章　普奧的系譜

第 5 章　俄羅斯的系譜

第 6 章　丹挪希英的系譜

本的「權威人士」天皇授予「太閣」、「征夷大將軍」稱號。

言歸正傳。

1462 年伊凡三世即位時，他也同樣想要「權威」，於是便盯上了某個東西。

那就是擁有千年歷史、具備「權威」的東羅馬帝國。

雖然當時東羅馬帝國已被鄂圖曼帝國消滅，不過成功與「末代皇帝」君士坦丁十一世的姪女索菲婭（Софья Палеолог）結婚後，伊凡三世便以「東羅馬帝國滅亡後，如今這個『羅馬理想』的正統繼承者就是我國！」為由，開始自稱為「沙皇（＊02）」，想要繼承東羅馬帝國的「權威」。

不過，當時這還不是公認的頭銜，只是伊凡三世擅自「自稱」罷了。

要變成「正式頭銜」，得等到他的孫子伊凡四世登基以後。

從莫斯科大公國到俄羅斯帝國（莫斯科大公第11代）

莫斯科大公國在伊凡四世（A/B-4/5）的時代進入鼎盛期，他憑靠此權勢正式舉行「沙皇」登基大典，向國內外宣告自己的頭銜。

然而，不知是生長環境使然，還是大腦有什麼障礙，伊凡四世是個十分易怒的人。

他經常為了一點小事就暴怒失控，因而擁有「雷帝（Грозный）」這個綽號。

不過皇后安娜斯塔西婭（Анастасия Романовна）（A/B-4）在世時，她很善於安撫伊凡雷帝控制他的情緒，因此沒出什麼大問題，然而在她死後，雷帝就像是「失去控制棒的核子反應爐」般開始失控。

於是，悲劇就發生了。

伊凡雷帝有 2 個兒子，皇太子伊凡（B/C-4）很優秀，而他的弟弟費奧多爾（B/C-4/5）有智能障礙，故伊凡雷帝也認為自己的繼承人只有

（＊02）沙皇的俄語為「Царь」。羅馬帝國自 4 世紀以後，便使用「正帝（奧古斯都）」、「副帝（凱撒）」這兩種君主頭銜，而沙皇一詞即是將「凱薩（Caesar）」轉化為俄語。不過，歷史學家對於「Царь」要翻譯成「國王」或「皇帝」也是意見分歧。

伊凡，很疼這位皇太子。

然而某天，他再度為了一點小事 (*03) 暴怒，忍不住拿手中的錫杖痛打自己的兒子。

直到兒子頭破血流地倒在地上，伊凡雷帝這才茫然若失地抱住兒子。

由於殺死心愛兒子的可恨凶手就是自己，他的憤怒無處發洩，再加上打擊過大，不久就病倒駕崩。

留里克王朝絕滅（莫斯科大公第12代）

於是，皇位必然由另一個兒子費奧多爾繼承。

他正是有740年歷史的留里克王朝末代君主「費奧多爾一世（Фёдор I）」。

知道自己來日不多的伊凡雷帝認為，要費奧多爾領導這個國家對他來說負擔太大，因此臨終時留下遺命，替兒子安排了5名攝政 (*04)。

但是無論古今中外，只要給「靠不住的君主」安排「攝政」，就必定會發生篡奪權力的情況。

秀賴就拜託各位了

日本也有類似的實例，豐臣秀吉曾在死前，含淚拜託以德川家康為首的五大老：

「秀賴就拜託各位了。在座的五位，千萬拜託了。」

結果，五大老當中，身為秀賴外戚 (*05) 的家康奪走了天下。

當時的俄羅斯也是如此，費奧多爾一世對政治毫不關心，每天只顧著享樂，「五大老」則在背後展開權力鬥爭，最後是外戚鮑里斯·戈東諾夫（Борис Годунов）勝出並掌握大權，成了實質上的沙皇。

（ *03 ）當時懷有身孕的皇太子妃穿著孕婦裝而非東正教徒的正式服裝，伊凡雷帝見狀便斥責她，皇太子得知後前來阻止父親，結果激怒了他。

不久費奧多爾一世無嗣而崩，留里克王朝就在這裡斷絕了，政權轉移到鮑里斯・戈東諾夫手上。

動亂時代

但是好巧不巧，鮑里斯・戈東諾夫一即位，俄羅斯便發生嚴重的大饑荒，全國有三分之一的人口（＊06）餓死，此外疫病（鼠疫）也隨之肆虐，由於社會動盪不安，盜賊團與僭稱沙皇者橫行各地，整個國家陷入無秩序狀態。

束手無策的鮑里斯在失意中駕崩，之後俄羅斯在很短的時間內接連更換了幾位沙皇，最後情勢混亂到再也沒有人以沙皇自稱。

失去大海的俄羅斯（羅曼諾夫王朝第1代）

在這種情況下，獲選為新沙皇的是米哈伊爾・F・羅曼諾夫（Михаил Фёдорович Романов）（C-2/3）。

他是留里克王朝末代沙皇母方的表姪（＊07），雖然屬於女系，但好歹跟上一個王朝有血緣關係，而且他也沒有「政治汙點」（＊08），故得到許多人的支持。

從上一個王朝的角度來看他是女系國王，因此王朝在此更迭，開啟了「羅曼諾夫王朝」。

上一個王朝（留里克王朝）統治了俄羅斯740年，新王朝（羅曼諾夫王朝）也在之後成為統治俄羅斯將近300年的長期政權。

米哈伊爾・F・羅曼諾夫在位長達32年，雖然他把時間花費在收復「動亂時代」失去的領土上，但在動亂時代開打的「俄瑞戰爭（＊09）」最

（＊04）指在君主制國家中，當君主因年幼、體弱多病等因素無法處理政務時，暫時代替君主處理政務的行為或職位。

（＊05）指君主的母方或妻方的親戚。家康是秀賴的岳父。

（＊06）約200萬人。

（＊07）費奧多爾一世之母（安娜斯塔西婭）的哥哥（A/B-2/3）的孫子。

序章　家系圖的基礎知識

第1章　英國的系譜

第2章　法國的系譜

第3章　神聖羅馬帝國的系譜

第4章　普奧的系譜

第5章　俄羅斯的系譜

第6章　丹挪希英的系譜

終未能獲勝，俄羅斯因而失去波羅的海的出海口[＊10]。

前進西伯利亞（羅曼諾夫王朝第2代）

　　米哈伊爾駕崩之後，便由長子阿列克謝（Алексей Михайлович）（D-2/3）繼位。

　　他對外轉為和平外交，對內則努力建立專制體制。

　　這種集中權力的做法當然也引發反彈，而後南俄就爆發了「斯捷潘・拉辛起義（Восстание Степана Разина）」。

　　不過，結果就如我們之前學過的，任何人都無法反抗「歷史洪流」，這起叛亂不僅遭到鎮壓，而且還促使俄羅斯確立了專制體制。

（＊08）當時，波蘭與瑞典等國家趁俄羅斯陷入混亂之際來犯，故絕大多數的俄羅斯大諸侯都有不名譽的過去。

（＊09）發生於1611～1617年，又稱為「英格里亞戰爭（Ingrian War）」。

（＊10）具體來說就是喪失西卡累利阿（Karelia）地區至英格里亞地區。

第5章 俄羅斯的系譜

第2幕

在前妻與後妻的對立之中

羅曼諾夫王朝鼎盛期

羅曼諾夫王朝第2代沙皇阿列克謝一世駕崩後，前妻的米洛斯拉夫斯基家系與後妻的納雷什金家系為了繼承問題而對立。兩家之間展開令人眼花撩亂的皇位爭奪戰，而俄羅斯在納雷什金家系的彼得一世時代進入鼎盛期。不過，在他死後王室淨生女兒，不久男系就絕嗣了。

我在1682年即位，與同父異母的哥哥伊凡五世共治。1689年從掌握實權的姊姊索菲婭手中奪取政權。不過，直到1694年母親死後我才開始親政！

羅曼諾夫王朝 第5代
彼得一世（大帝）
1682/1689/1694－1725

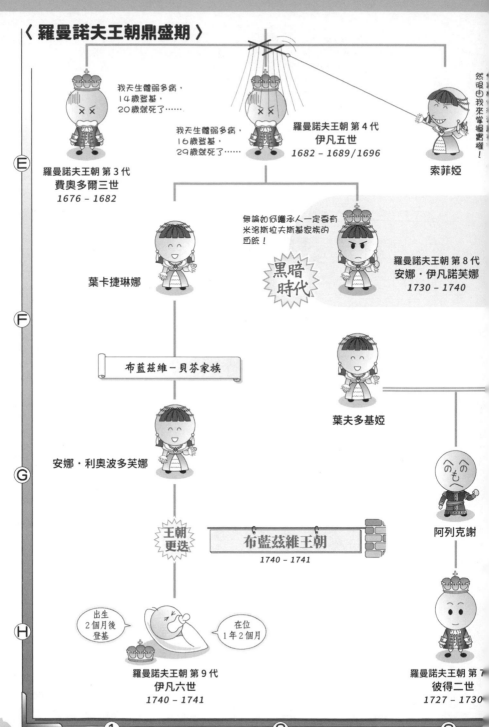

〈 羅曼諾夫王朝鼎盛期 〉

我天生體弱多病，
14 歲登基，
20 歲就死了……

我天生體弱多病，
16 歲登基，
29 歲就死了……

羅曼諾夫王朝 第 4 代
伊凡五世
1682 – 1689/1696

然後由我來掌握實權！

羅曼諾夫王朝 第 3 代
費奧多爾三世
1676 – 1682

索菲婭

無論如何繼承人一定要有
米洛斯拉夫斯基家族的
血統！

葉卡捷琳娜

黑暗
時代

羅曼諾夫王朝 第 8 代
安娜・伊凡諾芙娜
1730 – 1740

布藍茲維－貝芬家族

葉夫多基婭

安娜・利奧波多芙娜

阿列克謝

王朝
更迭

布藍茲維王朝
1740 – 1741

出生
2 個月後
登基

在位
1 年 2 個月

羅曼諾夫王朝 第 9 代
伊凡六世
1740 – 1741

羅曼諾夫王朝 第 7 代
彼得二世
1727 – 1730

E

F

G

H

① ② ③

弟弟體弱多病，不僅有弱視、失語症還有精神障礙，實在沒辦法處理政務，但也不能讓娜塔莉的兒子

1725 ～ 1796 年這 71 年期間，總共出現 4 位女沙皇、4 位男沙皇，其中有 67 年都是由女沙皇統治。

女皇時代

1725 - 1796

我在 1682 年即位，與同父異母的哥哥伊凡五世共治。1689 年從掌握政權的同父異母姊姊索菲亞手中奪取政權。不過，直到 1694 年母親死後我才開始親政！

羅曼諾夫王朝 第 5 代
彼得一世（大帝）
1682/1689/1694 - 1725

羅曼諾夫王朝 第 6 代
葉卡捷琳娜一世
1725 - 1727

安娜

羅曼諾夫王朝 第 10 代
伊莉莎白・彼得羅芙娜
1741 - 1762

④　　　　　　⑤

話 說回來，阿列克謝一世與前妻瑪麗亞（Мария Ильинична）（上一幕D-1／2）生了5男8女，但兒子不是夭折就是早逝，順利長大成人的只有費奧多爾（E-1）與伊凡（E-2）兩人。

而且費奧多爾與伊凡兩人都體弱多病，阿列克謝擔心王朝出現存續危機，因此在瑪麗亞死後又迎娶了娜塔莉（Наталья Кирилловна）（上一幕D-4／5）這位後妻。

他與這位女性所生的兒子，即是日後的「彼得大帝（Пётр I Великий）（F／G-4）」。

發生皇位繼承紛爭（羅曼諾夫王朝第3～4代）

阿列克謝一世駕崩後，便由皇太子費奧多爾繼位，但體弱多病的他在位只有6年，20歲就駕崩，並未留下子嗣。

因此照理說，下一任沙皇就是弟弟伊凡，但他「體弱多病，不僅有弱視、失語症還有精神疾患，實在無法處理政務」，故推舉健壯的彼得成為沙皇的呼聲也很高，經過一番曲折後決定採折衷辦法：由伊凡五世與彼得一世「共同統治」。

然而，掌握實權的卻不是這兩位沙皇，而是伊凡五世的同父同母姊姊索菲婭（Софья Алексеевна）（E-3）。

俄羅斯帝國鼎盛期（羅曼諾夫王朝第5代）

不過，索菲婭在1689年與清朝簽訂了《尼布楚條約^{（＊01）}》，對此失政^{（＊02）}感到憤怒的國內有力人士紛紛支持彼得，因此政權最後落到彼得手上。

但因為母親娜塔莉在世時，政務是交給她處理，1694年母親死後，彼得才真正開始親政。

（＊01）將外興安嶺至額爾古納河設定為清俄邊界的條約。由於此條約對清朝有利，導致索菲婭失去俄羅斯國內有力人士的支持。

　　他開始親政後就努力完成以下偉業：

・南靖（＊03）方面，與鄂圖曼交戰（俄土戰爭）拿下亞速海，開啟「南進政策」。

・西討（＊03）方面，與瑞典交戰（大北方戰爭）取得波羅的海的制海權。

・東征（＊03）方面，派人穿越白令海峽到阿拉斯加探險，將領土擴張到與現今的俄羅斯差不多大。

　　順帶一提，當時彼得大帝知道「日本」的存在，並開始投注心力在日語教育上。

　　雖然俄羅斯是在葉卡捷琳娜二世（Екатерина II，或者是按照英文名字 Catherine II 譯為凱薩琳二世）以後才嘗試直接接觸日本，不過由此可以窺見早在彼得大帝時代，俄羅斯就打算在未來征服日本了。

　　話說回來，彼得大帝之所以有如此精彩的表現，應該是因為童年時期的經驗對他影響不小。

要花時間工作，也要找時間享樂

　　這句話出自彼得大帝的父親阿列克謝一世，用日本諺語來說的話就是「好好學習，好好玩耍」吧。

　　彼得大帝小時候會溜出宮廷在山林、田野裡跑來跑去，也很愛玩真實到會出人命的「戰爭家家酒」，長大後還曾每晚到處喝酒發酒瘋。

　　調查那些締造偉大成就的明君、偉人與豪傑會發現，大部分的人年輕時代都有過這種放蕩不羈的經驗。

　　言歸正傳。

　　彼得大帝親政長達30多年，這段期間生了許多孩子（9男6女），因

（＊02）有些參考書將這件事列為「彼得大帝的事蹟」，但當時的沙皇是「伊凡五世」，此時的彼得只是沒有任何實權的「共治者」，再說得更正確一點，伊凡五世也只是傀儡，掌握實權的人是索菲婭。

（＊03）在中國，向四個方向出兵分別稱為「東征」、「西討」、「南靖」、「北伐」。

序章　家系圖的基礎知識

第1章　英國的系譜

第2章　法國的系譜

第3章　神聖羅馬帝國的系譜

第4章　普奧的系譜

第5章　俄羅斯的系譜

第6章　丹挪希英的系譜

此看起來皇位繼承問題似乎終於解決了，然而到了晚年，皇室再度發生繼承問題。

因為「9男6女」當中，順利長大成人的只有1男2女。

而且唯一的兒子阿列克謝（G-3）還是「媽寶」，凡事都與父親唱反調，最後甚至發生逃亡未遂事件（＊04）而觸怒彼得大帝。

彼得大帝怒不可遏，阿列克謝不僅被廢嫡，還遭到審判並被「判處死刑」（＊05）。

俄羅斯史上首位女皇（羅曼諾夫王朝第6代）

可是，這樣一來就會發生「繼承」問題。

死於獄中的阿列克謝有個兒子叫做彼得（H-3），雖然他很有希望成為繼承人，但彼得大帝駕崩時（1725年），他才10歲。

因此在他成年之前，先由彼得大帝的後妻葉卡捷琳娜（F/G-5）「代打」即位為女皇。

她並非俄羅斯人，而是波羅的人，原本是農民之女，後來在戰爭中被俘淪為女奴隸，最後一路爬上女皇的位置，這位女中豪傑的經歷與東羅馬帝國皇帝查士丁尼大帝的皇后狄奧多拉（Theodora）十分相似。

不過，她登基後就創立「最高樞密院（＊06）」，將國政完全交給他們負責，而且她在位只有2年，因此也沒有值得一看的實績。

人不走沒有路的路，
總是循著他人的足跡而行

話說回來，人會出於本能排斥沒有「前例」的事物，但只要出現一次「前例」，對該事物的排斥感就會立即煙消霧散。

（＊04）普魯士腓特烈大帝的王太子時期跟他一模一樣，兩人都是「媽寶」，也曾做出「跟父親唱反調」、「逃亡未遂」等行為。

（＊05）由於判刑之後，阿列克謝就在獄中死亡，最終死刑並未執行就是了。

序章　家系圖的基礎知識

第1章　英國的系譜

第2章　法國的系譜

第3章　神聖羅馬帝國的系譜

第4章　普奧的系譜

第5章　俄羅斯的系譜

第6章　丹挪希英的系譜

之前俄羅斯不曾有過「女皇」，因此反對葉卡捷琳娜即位的聲浪也很大，還有人誹謗她是「會使用黑魔法的魔女」，不過她開了「前例」後，大家也就不再排斥了，此後便有一段時間進入「女皇時代（＊07）」。

羅曼諾夫家族最後的男系男丁（羅曼諾夫王朝第7代）

葉卡捷琳娜一世駕崩後，再度發生繼承人問題。

她只有2個女兒，羅曼諾夫家族的男丁只剩彼得，因此最後由才12歲的彼得繼位。

他正是羅曼諾夫家族的末代沙皇「彼得二世（H-3）」。

不過，國政是由「最高樞密院」負責，而且他登基後不久就因為感染天花而病逝，單身的他並未留下子嗣，故羅曼諾夫家族的男系就此絕嗣。

黑暗時代的女皇（羅曼諾夫王朝第8代）

彼得二世駕崩後，擁有羅曼諾夫家族血統的人共有4人：

· 伊凡五世的女兒葉卡捷琳娜（E/F-1/2）與安娜（E/F-2/3）

· 彼得一世的女兒伊莉莎白（G/H-5）與安娜（G/H-4）

……全都是女性。

因此，「最高樞密院」決定從中選出適合當傀儡的人物。

起初伊凡五世的長女葉卡捷琳娜被列為候選人，但她的丈夫成了阻礙因而落選（＊08），最後決定由看似對政治不感興趣的次女安娜·伊凡諾芙娜（Анна Иоанновна）即位為女皇（譯註：葉卡捷琳娜實際上是伊凡五世的三女，因長女與次女早夭才變成排行最大的女兒，而安娜實際上是四女）。

然而安娜入主莫斯科後，立刻解散「最高樞密院」，恢復專制體制。

「最高樞密院」想把她變成「傀儡」的企圖完全被摧毀，但她仍舊對政治不感興趣，國政都丟給臣子處理。

（＊06）俄羅斯帝國的最高國家諮詢機構，起初由6位強大的貴族組成，後來增加至8位。把這個機構想成秀吉設立的「五大老」或許就不難理解了。

（＊07）1725～1796年。這71年當中，有67年是由女沙皇統治，男沙皇的統治時間只有4年。

於是俄羅斯便陷入接連發生農作歉收與疫病，日後被嘲諷為「黑暗時代（E/F-2）」的混亂時代。

2個月大的皇帝（羅曼諾夫王朝第9代）

安娜沒有孩子，所以她怕皇位會從阿列克謝一世前妻的「米洛斯拉夫斯基家系（Милославские）（上一幕C/D-1/2）」轉移到後妻的「納雷什金家系（Нарышкины）（上一幕C/D-4/5）」。

就在這時，嫁到「布藍茲維－貝芬家族（Braunschweig-Bevern）（F/G-1）」的外甥女安娜‧利奧波多芙娜（Анна Леопольдовна）（G-1）生了兒子，於是她立刻指定這個孩子為皇位繼承人，但不久之後她就駕崩了。

結果就演變成2個月大的嬰兒即位為沙皇「伊凡六世（H-1/2）」的情況。

由嬰兒擔任沙皇領導混亂的俄羅斯，當然會引起各方不滿與不安，最後他才在位1年就被廢黜了。

順帶一提，伊凡六世是「女系君主」，故在學術觀點上，此時王朝更迭成「布藍茲維王朝（G/H-2）」，但如同前述，歐洲習慣「將一代王朝（而且在位只有1年多）併入之前或之後的王朝」，因此他的時代也被視為「羅曼諾夫王朝的一部分」。

（＊08）她的丈夫是強大的德意志諸侯，樞密院擔心會提高德意志勢力在俄羅斯宮廷內的發言權。

第3幕

女皇時代與王朝斷絕

霍爾斯坦－戈托普－羅曼諾夫王朝

彼得大帝之孫彼得二世駕崩後，羅曼諾夫家族就只剩女人了。這下子王朝確定斷絕，接下來暫時進入由女皇撐起王朝的時代，史稱「女皇時代」。

不過，最終還是撐不下去了，於是由女系的彼得三世繼位，俄羅斯終於改朝換代。

士兵家家酒
好～好～玩～♪

羅曼諾夫王朝 第 11 代
彼得三世
1762.1/5 – 7/9

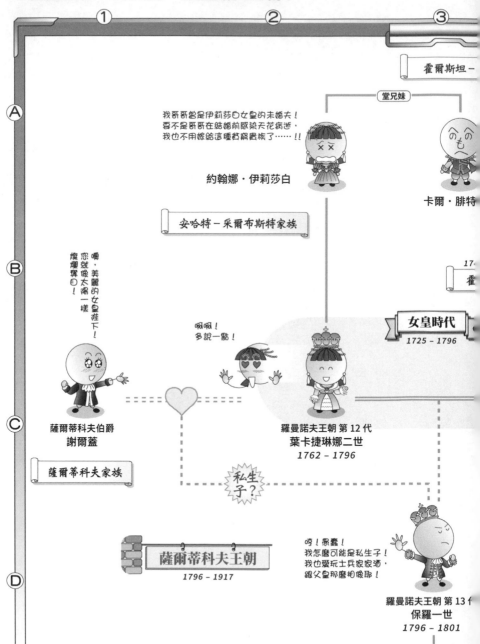

〈 霍爾斯坦－戈托普－羅曼諾夫王朝 〉

① ② ③

霍爾斯坦－

堂兄妹

我哥哥曾是伊莉莎白女皇的未婚夫！
要不是哥哥在結婚前感染天花病逝，
我也不用嫁給這種書香貴族了……!!

約翰娜・伊莉莎白

卡爾・腓特

A

安哈特－采爾布斯特家族

B

17-

霍

嘿，美麗的女皇陛下！
您就像太陽一樣
燦爛奪目！

啊啊！
多說一點！

女皇時代
1725－1796

薩爾蒂科夫伯爵
謝爾蓋

C

羅曼諾夫王朝 第12代
葉卡捷琳娜二世
1762－1796

薩爾蒂科夫家族

私生
子？

薩爾蒂科夫王朝

哼！愚蠢！
我怎麼可能是私生子！
我也愛玩士兵家家酒，
跟父皇那麼相像耶！

1796－1917

D

羅曼諾夫王朝 第13代
保羅一世
1796－1801

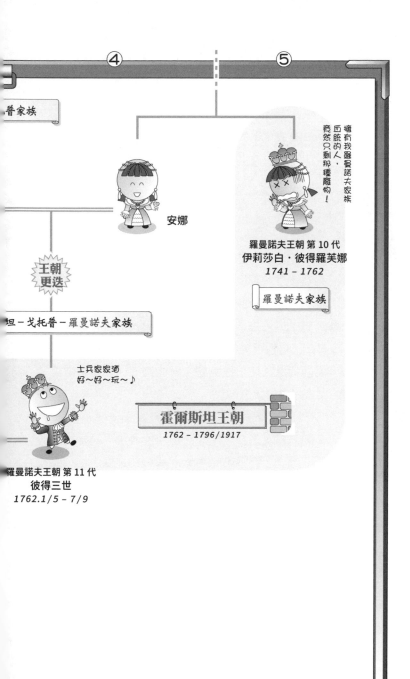

④　　　　　　　　　⑤

普家族

安娜

王朝
更迭

坦－戈托普－羅曼諾夫家族

羅曼諾夫王朝 第 10 代
伊莉莎白・彼得羅芙娜
1741 – 1762

羅曼諾夫家族

擁有我羅曼諾夫家族
血統的人，
竟然只剩那種廢物！

士兵家家酒
好～好～玩～♪

霍爾斯坦王朝
1762 – 1796/1917

羅曼諾夫王朝 第 11 代
彼得三世
1762.1/5 – 7/9

始 於第2代沙皇阿列克謝一世時代的前妻（米洛斯拉夫斯基）與後妻（納雷什金）之對立，引發了複雜的皇位繼承問題，不過自伊凡六世被廢黜後，接下來都是擁有「後妻家系」血統的人繼承皇位，雙方的紛爭終於劃下句點。

比起政治更在乎美麗的女皇（羅曼諾夫王朝第10代）

安娜女皇駕崩後，彼得大帝的女兒伊莉莎白・彼得羅芙娜（Елизаве́та Петро́вна）（A／B-5）隨即發起政變，廢黜「嬰兒沙皇」好讓自己可以登上皇位。

其實，她的人生經歷與英國女王伊莉莎白一世十分相似。

兩人不僅同名（＊01），在其他方面也有許多共同點。伊莉莎白女皇年輕時曾與大國法蘭西國王路易十五論及婚嫁，伊莉莎白女王也曾被當時的大國西班牙王太子菲利佩求婚，但兩人最後都沒結成婚（＊02）。

之後，兩人一生未嫁，而且或許是這股壓力使然，兩人都會「責罵打扮得比自己漂亮的女人，看到比自己還美的女人就會變得歇斯底里」。

伊莉莎白女皇無法容忍別的女人比自己美麗，就連幫外甥彼得選老婆時，也是從「比自己醜的女人」當中挑選。

另外，雖然沒結婚，但有許多情人這點也跟伊莉莎白女王一樣。

還有一個共同點是，伊莉莎白女王在位期間正值接連發生「胡格諾戰爭」、「荷蘭獨立戰爭」、「西班牙無敵艦隊海戰」等大戰的重要時期，而伊莉莎白女皇在位期間，同樣得將大半的時間花費在「奧地利王位繼承戰爭」、「七年戰爭」等大戰上。

木屐與阿彌陀佛都是木塊雕成

（＊01）俄文「Елизаве́та」轉化為英文是「Elizabeth」或「Elizaveta」，兩者中文皆翻譯成「伊莉莎白」。

（＊02）請參考本書「第1章第7幕」。

如同上述，伊莉莎白女皇與英國女王伊莉莎白一世的人生經歷十分相似，不過一如同樣的木塊能雕成木屐，也能雕成阿彌陀佛像，就算人生經歷相同，但性格的差異仍使兩人日後走向截然不同的道路，得到截然不同的結果。

伊莉莎白女王在政治之路上邁進，忙著應付這些大戰，反觀伊莉莎白女皇把國政丟給臣子處理，自己則過著為美麗、舞會以及情人而活的日子（＊03）。

羅曼諾夫王朝斷絕

因為這個緣故，一生未嫁的她並未留下子嗣，最後她指定嫁到霍爾斯坦－戈托普家族（Holstein-Gottorp）（A-3）的姊姊安娜．彼得羅芙娜（Анна Петровна）（A/B-4）之子為繼承人。

他就是「彼得三世（C-3/4）」。

彼得三世無疑是「女系君主」，故王朝本來應該在此更迭為「霍爾斯坦王朝（B/C-4/5）」，但伊莉莎白女皇不願見到這種情況。

正好同個時期，鄰國奧地利也面臨王朝斷絕的危機。

陷入王朝更迭危機的查理六世，在1736年將哈布斯堡家族與女婿的家名（洛林家族）合併成新家名「哈布斯堡－洛林家族」，利用此一「絕招」保留「哈布斯堡王朝」這個王朝名號。關於這件事前面已詳細說明過了（＊04）。

伊莉莎白女皇仿效奧地利所用的「絕招」，將羅曼諾夫家族與姊夫卡爾．腓特烈（A-3）的家名「霍爾斯坦－戈托普家族」合併成新家名「霍爾斯坦－戈托普－羅曼諾夫家族（B-3/4）」，把「羅曼諾夫王朝」這個王朝名號保留下來。

這就是學術觀點上認為彼得三世這一代發生王朝更迭（A/B-3/4），

（＊03）就拿服裝來說，她有1萬5000件頂級禮服，一天會換好幾次衣服，而且公開穿過一次的禮服就不會再穿，非常講究地打扮自己。

（＊04）請參考本書「第3章第7幕」。

但不管看哪本書卻仍寫成「羅曼諾夫王朝^{（＊05）}」的原因。

羅曼諾夫王朝斷絕（羅曼諾夫王朝第11代）

　　接著即位的彼得三世是個心理幼稚的人，成年後仍很愛玩「士兵家家酒」^{（＊06）}，此外他還是個「土生土長的德意志人」，因此很崇尚德意志。

　　他的頭腦不是很靈光，本來就不懂得察言觀色，而在感染天花導致臉上都是痘疤後，天生的惡劣性格變得更加差勁。

　　彼得三世登基時，俄羅斯正舉國全力投入「七年戰爭」，與普魯士交戰中，他卻因崇拜腓特烈大帝，毫不顧忌地公然發表會激怒國民的言論。

　　不僅如此，他還不顧政界與軍方的反對，擅自跟普魯士講和^{（＊07）}。

　　居然在「還差一步就完全勝利！」的時間點與敵國講和，俄羅斯之前的努力全都白費了。

　　彼得三世因此得罪了政界與軍方，這件事成了他日後失勢的原因，而他的行為也讓人不禁想起「神聖羅馬皇帝腓特烈二世的失政^{（＊08）}」。

　　腓特烈二世也是一位「在義大利土生土長、十分崇尚義大利的德意志皇帝」，在政治上以義大利為主而德意志為從，結果導致國家傾頹，彼得三世即是重蹈了他的覆轍。

沾染鮮血的寶座（羅曼諾夫王朝第12代）

　　相比之下，皇后葉卡捷琳娜（C-2/3）雖然跟彼得三世一樣都在德意志出生，不過她很認真地學習俄語與俄羅斯的風俗習慣，並且付諸實行，因而獲得「反彼得派」大力支持。

　　再加上彼得三世連宗教都想從東正教改宗為路德教派，這下子不只政

（＊05）正式的王朝名號是「霍爾斯坦－戈托普－羅曼諾夫王朝」，王朝確實更迭了，但因為名稱太長，通常會省略寫成「羅曼諾夫王朝」，所以不知道內情的人看了會以為王朝並未更迭。不過，「改名」本來就是想得到這種效果。

（＊06）秦朝的二世皇帝胡亥也是把國政丟給臣子處理，自己則熱中於玩「扮家家酒」，最後導致國家滅亡。

界與軍方，連教會都與他為敵，最後終於爆發政變，「反彼得派」要將葉卡捷琳娜推上皇位。

由於彼得三世太過膽小，政變輕易就成功了，結果這次誕生了一位身上沒有一滴羅曼諾夫家族的血，甚至也不是俄羅斯人，而是「德意志人」的女皇，此外她也是羅曼諾夫王朝史上第二位「大帝」。

她就這樣得到了寶座，但該如何處置彼得卻令她傷透腦筋[09]。

髒手碰過的東西都會變髒

留他一條活命的話，不知何時會被逆賊拱出來發起叛亂，但處死他的話，就會演變成「殺死彼得大帝之孫得到沾染鮮血的寶座」。

滿懷理想的葉卡捷琳娜並不希望自己的寶座被彼得的血玷汙。

但是，就在葉卡捷琳娜思考如何處置他的期間，部分貴族按捺不住擅自暗殺了他。

雖說這樣一來就徹底斷了禍根，卻也留下了「沾染鮮血的寶座」這個汙點。

沾染鮮血的寶座２（羅曼諾夫王朝第12代）

說到「政變後如何處置先帝」，前面介紹過的伊莉莎白女皇也跟這次一樣靠政變奪走伊凡六世的寶座，當時她同樣不知該如何處置這位「1歲的先帝」，最後決定將他關在要塞內的監獄，並且命令看守：

「如果有人試圖接觸這名囚犯，你就立刻殺死他！」

此時「伊凡六世」已經22歲了，由於他從1歲開始就沒跟任何人說過

（＊07）這裡的講和連「普通的講和」都算不上，內容接近全面投降，不僅與普魯士停戰，「連在這場戰爭中『俄羅斯付出龐大犧牲才獲得的領土』都全部無償歸還」。

（＊08）請參考本書「第3章第3幕」。

（＊09）反法聯軍逮捕拿破崙後也很苦惱該如何處置他，最後決定以「流放到孤島」的懲罰了事，結果卻讓拿破崙東山再起，建立「百日王朝」。

序章　家系圖的基礎知識

第1章　英國的系譜

第2章　法國的系譜

第3章　神聖羅馬帝國的系譜

第4章　普奧的系譜

第5章　俄羅斯的系譜

第6章　丹挪希英的系譜

話，獨自被關在黑暗的牢房裡活了多年，他的精神狀態多半已經異常了吧（＊10）。

葉卡捷琳娜二世即位時，並不是每個人都為她喝采。

「誰要擁戴沒有半滴俄羅斯人血統的德意志女人！」

「不是還有流著羅曼諾夫家族血統的人（伊凡六世）嗎！」

最後因為出現企圖營救「伊凡六世」的人（＊11），他就這樣被看守殺死了。

理想被現實粉碎（羅曼諾夫王朝第12代）

雖然非她本意，葉卡捷琳娜二世還是坐上了「沾染鮮血的寶座」，接下來她便以「彼得大帝」為理想開始擴張領土，此外還以她年輕時就著迷的「啟蒙思想」為基礎推行近代化。

昂首而行必失足

再怎麼滿懷著「理想（頭上）」意氣揚揚地前進，看不到「現實（腳下）」的人一定會遭遇挫折。

葉卡捷琳娜二世從年輕時就很愛看書，因此她也是一位理想家。

年輕時就很崇拜彼得大帝的她立下不小的戰果，例如：

· 南靖方面，進行第七次與第八次俄土戰爭，征服黑海北岸。

· 西討方面，參與瓜分波蘭，併吞波蘭東部領土。

· 東征方面，派遣拉克斯曼（Адам Лаксман）率領使節團訪日，要求德川幕府開國。

然而，她的「理想」卻使得國內的矛盾越來越嚴重，最終在「普加喬夫起義（Восстание Пугачёва）」與「法國大革命」等「現實」的打擊下破

（＊10）法國的「鐵面人」及「路易十七」的下場也跟伊凡六世一樣。順帶一提，至今仍不曉得在巴士底監獄關了34年的「鐵面人」究竟是誰，有一說認為是「路易十四的（雙胞胎）哥哥」。

滅，她很快就與先帝們一樣轉為保守派。

私生子皇帝？（羅曼諾夫王朝第13代）

在她之後繼位的是長子保羅（Павел I）（D-3）。

當時就曾經盛傳他是「謝爾蓋伯爵（Сергей Васильевич Салтыков）（C-1）的兒子」，葉卡捷琳娜本身的言行也像是在暗示這件事。

如果事實真是如此，他就是女系君主，這時即開啟了新王朝「薩爾蒂科夫王朝（D-1/2）」，不過這件事終究只是「傳聞」，並沒有確切的證據[*12]。

話說回來，從葉卡捷琳娜一世到二世之間，共經歷了71年的「女皇時代」，但從保羅一世登基到帝國滅亡為止，卻再也沒出現過女皇。

其實是因為保羅一世登基後，隨即根據《薩利克法》制定《皇位繼承法》，防止俄羅斯再次出現女皇。

他一出生就與母親分開由他人養育，因此不僅對母親沒什麼感情，甚至動不動就猜疑她，正是因為保羅怨恨與自己分開生活的母親，才使他制定《皇位繼承法》吧。

證據就是，觀察保羅一世的政策會發現，他並沒有堅定的信念，只是全面否定葉卡捷琳娜二世的政治路線，他先將葉卡捷琳娜二世的寵臣全部開除，然後魯莽地重用被母親冷落疏遠的人物。

可是，做出這種衝動之舉，被他開除的那些人該有多怨恨他呢？

見卵而求時夜

政治應緩慢且平穩地實施，不能做出「看到雞蛋就希求蛋化為雞來司晨報曉[*13]」的行為。

（＊11）名叫瓦西里・米洛維奇（Василий Миро́вич）的軍官（烏克蘭人），之後被處死。

（＊12）彼得三世與保羅一世的遺體就安葬在「彼得保羅主教座堂」，因此只要做DNA鑑定就能知道兩人有無父子關係。

序章　家系圖的基礎知識

第1章　英國的系譜

第2章　法國的系譜

第3章　神聖羅馬帝國的系譜

第4章　普奧的系譜

第5章　俄羅斯的系譜

第6章　丹挪希英的系譜

保羅一世這種急躁的做法會引發反彈也是世之常理。

　　結果，被他解職而懷恨在心的軍官們果真發動政變，最後保羅一世沒留下什麼事蹟，在位短短5年就被暗殺了。

哼！愚蠢！
我怎麼可能是私生子！
我也愛玩士兵家家酒，
跟父皇那麼相像耶！

**羅曼諾夫王朝 第13代
保羅一世**
1796 – 1801

（＊13）時夜即是指雞。

第4幕

革命遍地開花的王朝

19世紀的羅曼諾夫王朝

19世紀是動盪的世紀。進入19世紀的同時也開啟了拿破崙時代，打倒他之後又掀起民族主義運動。接下來英國發生第二次工業革命，而後進入帝國主義階段。

時代不斷地往前進，然而俄羅斯卻未能順應時代改革體制。

真是作夢都沒想到帝國會毀在我手裡！

羅曼諾夫王朝 第18代

尼古拉二世

1894 - 1917

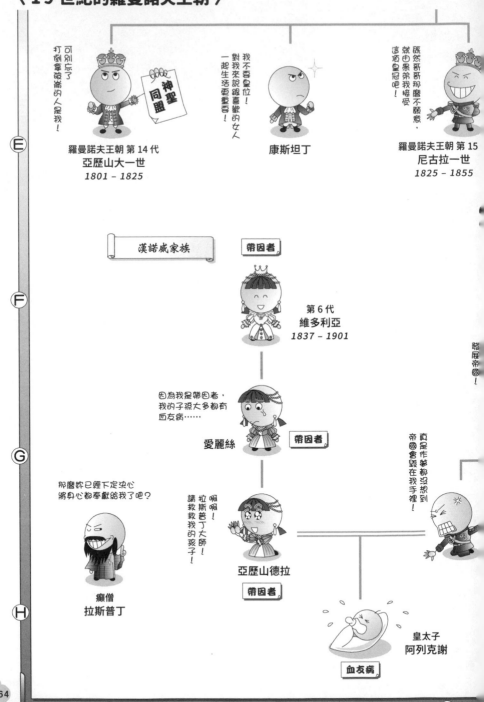

〈19世紀的羅曼諾夫王朝〉

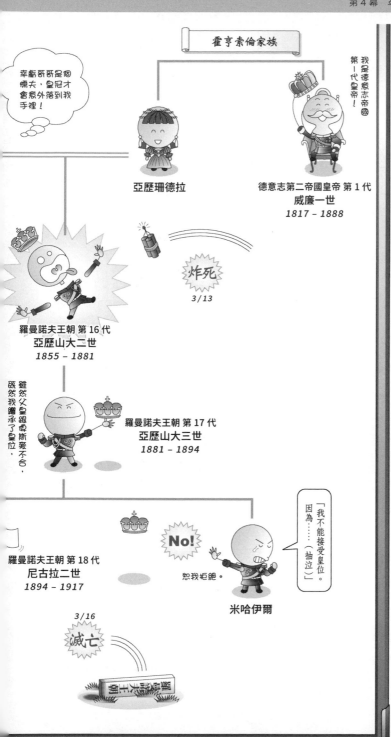

霍亨索倫家族

我是德意志帝國第一代皇帝！

亞歷珊德拉

德意志第二帝國皇帝 第 1 代
威廉一世
1817 – 1888

幸齡哥哥是個儒夫，皇冠才會意外落到我手裡！

炸死
3/13

羅曼諾夫王朝 第 16 代
亞歷山大二世
1855 – 1881

羅曼諾夫王朝 第 17 代
亞歷山大三世
1881 – 1894

雖然父皇跟威斯妻不合，既然我繼承了皇位，

羅曼諾夫王朝 第 18 代
尼古拉二世
1894 – 1917

No!

恕我拒絕。

「我不能接受皇位。因為……（抽泣）」

米哈伊爾

3/16
滅亡

葉 卡捷琳娜二世生前一直在考慮「將叛逆又無能的保羅廢嫡，改立可愛的孫子亞歷山大為儲君」。

最後基於各種原因並未付諸實行，仍然由保羅繼位，不過她的願望卻意外地很快就實現了。

打倒拿破崙的皇帝（羅曼諾夫王朝第14代）

亞歷山大一世（Александр I）（E-1）是在具象徵性的「19世紀第1年（1801年）」登基，當時正好也是拿破崙勢如破竹、所向披靡的時代。

拿破崙先是「遠征義大利」逼得奧地利求和（1801年《呂內維爾條約》），接著也逼英國屈服（1802年《亞眠和約》）。

氣勢正盛的拿破崙在1804年登基為「皇帝」。

面對拿破崙這把燎原之火，感到危機的亞歷山大一世決定與英、奧結成「第三次反法同盟」抵抗拿破崙，但同盟中的奧地利打輸了烏姆戰役，俄羅斯也在奧斯特利茨戰役中戰敗，同盟因而瓦解。

勢不可當的拿破崙緊接著打倒普魯士（1806年耶拿－奧爾施泰特戰役），並且再度與俄羅斯交戰，結果同樣打敗了俄羅斯並使其恭順於法蘭西（1807年《提爾西特條約》）。

到此為止拿破崙真的是「所向無敵」，然而之後伊比利半島戰爭成了「潰瘍（＊01）」削弱其勢力，拿破崙為了起死回生決定「遠征俄羅斯」。

亞歷山大一世從之前的經驗中學到「跟拿破崙正面對戰是完全沒有勝算的」，故他採取「費邊戰術（＊02）」。

敵攻則退，敵退則攻

（＊01）拿破崙在回憶錄中表示：「西班牙潰瘍（伊比利半島戰爭）將我逼向毀滅。」

（＊02）Fabian strategy，為古羅馬將軍費邊（Quintus Fabius Maximus Verrucosus，或譯為法比烏斯）對勢如破竹的漢尼拔軍採用的拖延戰術。「既然敵人是遠征軍，敵方進攻時己方就後退以阻斷敵人的補給線，敵方後退時己方則進攻！」

序章　家系圖的基礎知識

第 1 章　英國的系譜

第 2 章　法國的系譜

第 3 章　神聖羅馬帝國的系譜

第 4 章　普奧的系譜

第 5 章　俄羅斯的系譜

第 6 章　丹挪希英的系譜

與強敵交戰時，獲勝的祕訣就是不在「敵人的擂臺」上戰鬥。

要盡量避開敵人擅長的戰法，選擇己方拿手的戰法，並且攻擊敵人的弱點。

「伊比利半島戰爭」即證明了強大無敵的拿破崙軍完全不擅長打「游擊戰」。

既然如此，自己就別以拿破崙擅長的「方陣戰」正面對決，而是當敵方進攻時己方就後退，藉此阻斷敵人的後方補給線，當敵方後退時己方則進攻。

拿破崙軍只能在「方陣戰」中發揮本領。

如果對手不迎戰，他們就毫無辦法了。

結果，擊敗拿破崙軍的不是俄軍，而是「夏元帥^{（＊03）}」、「冬將軍」的雙重打擊，拿破崙的勢力就此沒落。

打倒拿破崙後，歐洲便進入「維也納體系」時期，當時亞歷山大一世也發起「神聖同盟」，領導這段反動時期。

但是，民族主義運動的浪潮不斷襲來，國內的社會矛盾逐漸擴大，亞歷山大一世卻在這時駕崩，享年47歲。

反動皇帝（羅曼諾夫王朝第15代）

由於亞歷山大一世並未留下合法子嗣，照理說應該由他的弟弟康斯坦丁（Константин Павлович）（E-2）繼承皇位。

然而，他在亞歷山大一世駕崩的5年前（1820年）與波蘭女性尤安娜（Joanna Grudzińska）貴庶通婚^{（＊04）}，以此為由拒絕繼承皇位。

於是皇位就落到另一個弟弟尼古拉身上。

他登基為「尼古拉一世（Николай I）（E-3）」。

他跟亞歷山大一世、康斯坦丁大公一樣都是保羅一世的兒子，不過兩

（＊03）「夏元帥」是我參考「冬將軍（譯註：General Winter，指極寒氣候）」發明的名詞。事實上，拿破崙軍遠征俄羅斯時，「酷暑造成的損失（約25萬人）」遠比「極寒造成的損失（約10萬人）」還要大。

個哥哥是由祖母葉卡捷琳娜二世撫養，因此對自由主義有所瞭解，至於尼古拉一世是在葉卡捷琳娜二世死後出生，由保羅一世撫養，故年輕時就常有保守、專制、反動的言行，正好此時民族主義浪潮席捲而來，一群嚮往自由主義的青年軍官怕他當上沙皇而發動政變，結果以失敗收場。

這起事件史稱「十二月黨人起義（Восстание декабристов）」。

一即位就發生政變未遂事件，使得尼古拉一世對自由主義深惡痛絕而終於展開鎮壓，想盡辦法根絕民族主義運動，甚至還因此被冠上「歐洲憲兵」之稱。

除此之外，他也推行南進政策引發「克里米亞戰爭」，結果卻在戰況惡化之際失意病逝^{（＊05）}。

只做半套的「大改革」（羅曼諾夫王朝第16代）

接著繼位的是兒子「亞歷山大二世（E/F-3/4）」。

他是擁有父方羅曼諾夫家族血統，以及母方（E-4/5）霍亨索倫家族（D/E-4/5）血統的「名門之後」。

但是，他一登基就必須著手進行父親留下的「戰後處理」。

他在翌年1856年簽訂了《巴黎條約》，南進政策因而大幅倒退。

即位不久就遭遇挫折，亞歷山大二世開始調查戰敗的原因。

──我俄羅斯軍連拿破崙軍都能擊退，

　　怎麼會在這場戰爭中如此狼狽!?

「陛下！

恕臣斗膽直言，我國的軍隊、社會、經濟都落後英法一大截，這應該就是敗因。

臣認為當務之急是我國也要發起工業革命。」

於是，亞歷山大二世便以「解放農奴」作為第一步，陸續推動「大改

<hr>

（＊04）指身分地位懸殊的男女結婚。歐洲有許多國家禁止貴庶通婚，硬要結婚的話就會失去王位繼承權（視情況而定）。

（＊05）也有一說他是自盡。

序章　家系圖的基礎知識

第 1 章　英國的系譜

第 2 章　法國的系譜

第 3 章　神聖羅馬帝國的系譜

第 4 章　普奧的系譜

第 5 章　俄羅斯的系譜

第 6 章　丹挪希英的系譜

革」。

發現骨折卻貼 OK 繃

　　然而，他推動的是扭曲的現代化，只改革社會系統與經濟系統，完全不碰「專制體制」這個近代以前的政治系統，若要比喻的話就像是「骨折卻貼OK繃，覺得這樣就治療過了」，如此一來當然不可能治好。

　　只做半套的「大改革」自然得不到完美的結果，而且因為只做半套，不僅得罪了「不希望改變的保守派」，也令「希望改革的革新派」感到不滿，最後他們的憤怒演變成恐怖攻擊。1881年，有人朝亞歷山大二世乘坐的馬車丟擲炸彈，結果他就這樣被炸死了。

否定父親，改採祖父的政策（羅曼諾夫王朝第17代）

　　亞歷山大二世驟逝之後，繼承皇位的是他的兒子「亞歷山大三世（F/G-3/4）」。

　　——若是縱容人民，他們馬上就會變得傲慢而企圖造反。

　　我才不會像父皇那樣縱容他們。

　　無論內政還是外交，他都否定父親的政策，對內以祖父尼古拉一世為

羅曼諾夫王朝 第 16 代
亞歷山大二世
1855 – 1881

榜樣推行反動政策，對外則盡力修復與俾斯麥的關係。

稱日本人為猴子的皇太子（羅曼諾夫王朝第18代）

亞歷山大三世駕崩後，繼位的是他的兒子尼古拉二世（G/H-3/4）。

其實，尼古拉還是皇太子時曾經造訪過日本。

當時，日本政府擔心「萬一大國俄羅斯的皇太子出了什麼事可就麻煩了！」因此舉國熱烈歡迎及款待這位「國賓」，沒想到途中經過大津時，他突然被一介巡查（津田三藏）砍傷。

不過事後尼古拉對前來探望他的明治天皇這麼說：

「哎呀，無論哪個國家都有瘋子。請別放在心上。」

多麼寬宏大量的皇太子啊。

但看樣子，他只是假裝自己寬宏大量，內心其實很痛恨日本人。回國後，他便開始蔑稱日本人為「猴子（Макаки）」（＊06），當初那句「別放在心上」不知忘到哪兒去了。

死於革命的末代皇帝（羅曼諾夫王朝第18代）

登基後的尼古拉二世跟父親一樣，相信「只有專制體制才能團結這個國家！」因此承襲先帝的政策。

不過，有別於重視「南靖」的歷代沙皇，尼古拉二世重視的卻是「東征」。

他積極地推動上一代就已經開始進行的「西伯利亞鐵路」建設，並在1895年透過「三國干涉還遼」阻止日本進軍遠東，翌年1896年與清朝協議獲得「東清鐵路鋪設權」，此外還在1898年開始鋪設「南滿鐵路」。

之所以一步一步地進行鐵路建設就為了「日本」，俄羅斯企圖「征服日本」是很顯而易見的事，日本這個「貧窮島國」被當時「世界第一的

（＊06）如果統治帝國的沙皇總是一再做出這樣的言行，這種輕蔑日本人的風氣當然就會傳到政界與財界，甚至蔓延到下層的人。當時的俄國首相塞吉·威特（Сергей Витте）也承認「雖然我很想阻止日俄開戰，但就是這股風氣導致日俄戰爭爆發」。

陸軍大國」俄羅斯盯上，自然是嚇得驚慌失措並陷入恐慌。

　　日本無論如何都想避免這場一點勝算都沒有的戰爭，因此伊藤博文很有毅力地持續與俄羅斯交涉，但無論日本如何讓步，蔑視日本為「猴子」的俄羅斯全都無情拒絕，日本因而被逼到走投無路。

惟坐待亡，孰與伐之

　　三國時代，大國曹魏以壓倒性的軍事力量威逼小國蜀漢，諸葛亮（孔明）見蜀漢猶如風前之燭，於是說了這麼一段話[*07]。

　　再弱小的弱者被逼入無處可逃的絕境時也會起而反抗，但尼古拉二世並未留意這種事，一直不停逼迫日本。

　　順帶一提，尼古拉二世與德皇威廉二世是親戚[*08]，當時擔心此事的威廉二世還給了尼古拉二世忠告。

　　「要是把日本逼得太緊可是會開戰喔？

　　還是說，陛下就是希望如此？」

　　尼古拉二世聞言笑著回答。

　　——我不想打仗，因此不用擔心會開戰。

　　這樣看來俄羅斯既無「窮鼠嚙貓」這句成語，也沒有「圍師必闕」的教訓，尼古拉二世似乎堅信「再怎麼逼迫，日本也不可能反抗俄羅斯」。

　　結果，日俄戰爭終於爆發了。

　　日本無論陸戰或海戰都連戰連勝，最後在「對馬海峽海戰」擊潰波羅的海艦隊，俄羅斯也因此與日本簽訂和約。

　　俄羅斯帝國在這場「日俄戰爭」中被打得遍體鱗傷，傷還來不及癒合就爆發「第一次世界大戰」而筋疲力竭，這時國內又發生「俄國革命」，最終只得走向滅亡。

（＊07）出自《三國演義》第97回〈後出師表〉，意思是「與其坐以待斃，更應該主動找出活路」。

（＊08）從尼古拉二世的父方來看，威廉二世是他的表堂叔（曾祖母的哥哥的孫子），從母方來看則是表兄（英王喬治五世）的表兄（第6章第1幕）。

領導革命的列寧（Влади́мир Ильи́ч Ле́нин）也這麼說過。

——日本打敗帝俄一事是革命成功的前奏曲。

被神棍擺布的皇帝（羅曼諾夫王朝第18代）

雖然「日俄戰爭」與「第一次世界大戰」可能是將羅曼諾夫王朝逼到滅亡的外在因素，不過當時內部其實也悄悄傳來「毀滅的腳步聲」。

天欲其亡，必令其狂

這句東西方都有的諺語，意思是「一個人在滅亡之前，他的言行必定會變得異常」，當時的羅曼諾夫王朝也是如此。

至於那個導致王朝走向滅亡的異常，就是「癲僧拉斯普丁（＊09）（G/H-1）」。

其實，尼古拉二世的皇太子阿列克謝（H-2/3）罹患了「血友病」，身體十分虛弱，因為他的母親（G/H-2）是遺傳自其外祖母維多利亞女王（F-2）的「血友病」帶因者。

皇后亞歷山德拉（Александра Фёдоровна）為了讓兒子痊癒，瘋狂嘗試各種治療方法，無論對方有多可疑仍向他求助。但是不管在哪個時代，會接近這種人的都是騙徒。

這次也不例外，接近她的是個來歷不明的神棍（＊10），名字叫做格里戈里・拉斯普丁（Григорий Распутин）。

他不僅在皇后面前裝神弄鬼，隨心所欲地操縱她，最後甚至干預政治與人事，宮廷宛如拉斯普丁的「妓院」，被他搞得烏煙瘴氣。

無法無天的他最後被反感的貴族們暗殺。起初貴族們給他吃下氰化鉀（劑量是致死量的200倍）卻沒能毒死他，之後又對他開了4槍，再用棍

（＊09）利用皇后亞歷山德拉的弱點，在羅曼諾夫王朝末期掌控宮廷的神棍。他所用的「治療」方式跟古今中外多數神棍使用的方法一樣，都是利用「安慰劑效應」的心理暗示療法。

棒亂打一通，他才終於一動也不動，最後用草蓆將他裹起來扔進結冰的涅瓦河（Neva）裡，3天後被人發現時已成了一具「溺死的屍體」。

也就是說，他被扔進涅瓦河時還活著，沒想到臨死之際，他的表現依舊異於常人，完全不負「癲僧」的稱號。

拉斯普丁生前曾經預言。

──如果我被貴族殺死，羅曼諾夫王朝不久就會滅亡，

　　此後很長一段時間，俄羅斯將會面臨腥風血雨。

就如同他的預言一樣，他被殺後過了短短3個月，擁有300年歷史的羅曼諾夫王朝就滅亡了，接著再過4個月，尼古拉二世與他的家人就全被處死了。

不僅如此，之後俄羅斯成為社會主義國家，並在接下來的1個世紀經

序章　家系圖的基礎知識

第1章　英國的系譜

第2章　法國的系譜

第3章　神聖羅馬帝國的系譜

第4章　普奧的系譜

第5章　俄羅斯的系譜

第6章　丹挪希英的系譜

那麼妳已經下定決心
將身心都奉獻給我了吧？

癲僧
拉斯普丁

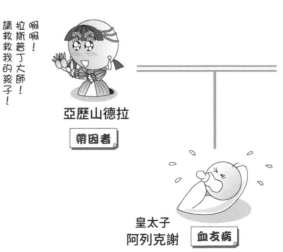

啊啊！
拉斯普丁大師！
請救救我的孩子！

亞歷山德拉

帶因者

皇太子
阿列克謝

血友病

（＊10）假借鬼神名義，到處招搖撞騙的人。

歷了數以億計的無辜人民流血千里的悲慘歷史，拉斯普丁的預言最終都成真了。

歷史總是不斷重演

而過了100年後，如今俄羅斯又出現了「第二個拉斯普丁」，企圖將俄羅斯與世界推入地獄。

拉斯普丁是在第一次世界大戰戰局惡化之際遭到暗殺。

這回烏克蘭戰爭的戰局同樣持續惡化，「他」遭到暗殺的可能性也日益升高。

若真的發生這種事，「拉斯普丁的預言（俄羅斯滅亡）」說不定會再次上演。

第6章 丹挪希英的系譜

第1幕

於19世紀擴大的王朝

格呂克斯堡王朝（丹麥、挪威系）

1863年，領地為德意志北部的小諸侯繼承了丹麥王位。無論安茹王朝還是哈布斯堡王朝，當初開啟王朝時都只是弱小諸侯，然而轉眼間就成長為巨大王朝，這個格呂克斯堡家族同樣是從這裡開始，將王室血脈擴散到英國、丹麥、挪威、比利時、俄羅斯、希臘等國家。

格呂克斯堡家族

可惡……
該死的德斯麥！

格呂克斯堡王朝 第1代
克里斯蒂安九世
1863 – 1906

〈格呂克斯堡王朝〉

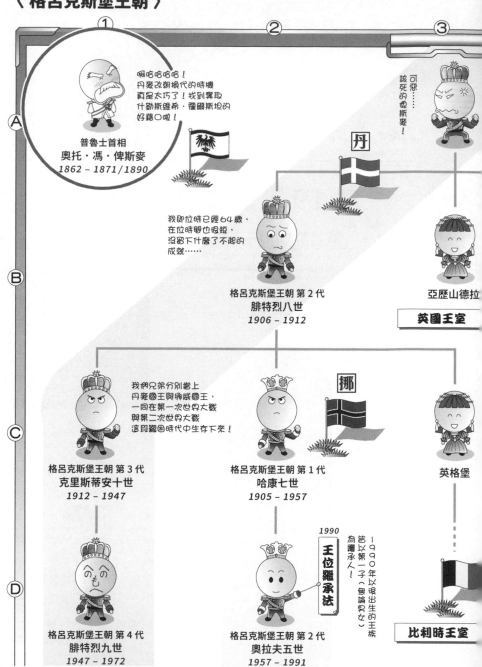

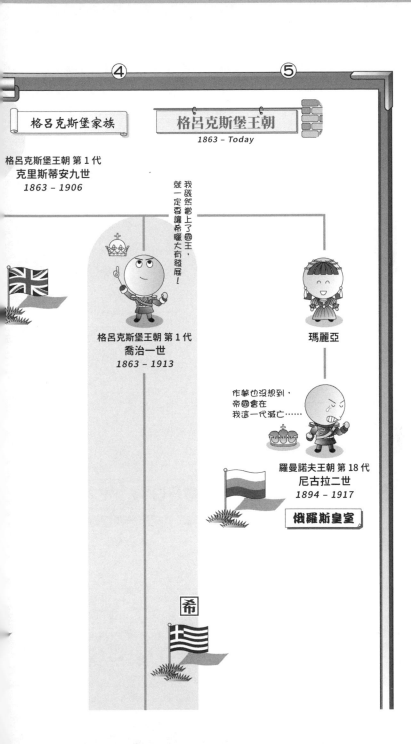

④

⑤

格呂克斯堡家族

格呂克斯堡王朝
1863 – Today

格呂克斯堡王朝 第 1 代
克里斯蒂安九世
1863 – 1906

我既然當上了國王，就一定要讓希臘大有發展！

格呂克斯堡王朝 第 1 代
喬治一世
1863 – 1913

瑪麗亞

作夢也沒想到，帝國會在我這一代滅亡……

羅曼諾夫王朝 第 18 代
尼古拉二世
1894 – 1917

俄羅斯皇室

希

序章　家系圖的基礎知識

第 1 章　英國的系譜

第 2 章　法國的系譜

第 3 章　神聖羅馬帝國的系譜

第 4 章　普奧的系譜

第 5 章　俄羅斯的系譜

第 6 章　丹挪希英的系譜

277

本書終於來到最後一章。

透過家系圖俯瞰完前面幾個歐洲主要國家的歷史後，你是不是覺得「歐洲王室居然全是親戚！」呢？

沒錯。

如同前述（＊01），其實歐洲很排斥「貴庶通婚」，王公貴族原則上只跟王公貴族結婚。

貴族聯姻的「好處」不小也是原因之一。

因為把女兒嫁到名門世家的話，不僅能與名門世家加深關係，如果夫家絕嗣，其擁有的領地或許也能全部落到自己手上。

歐洲有些家族就是透過這種方法陸續增加自己的領地，從小伯爵家族躍升為巨大王朝，具代表性的例子有中世紀的「安茹家族」，以及近世的「哈布斯堡家族」。

在現存的王室當中，自德國北部崛起的「格呂克斯堡家族（＊02）（A-3/4）」也是其中一例。

大家或許聽過「安茹王朝」或「哈布斯堡王朝」，但對「格呂克斯堡王朝」可能不甚熟悉。

這個家族其實是歷史悠久的名門世家，不僅是今日的丹麥王室、挪威王室與英國王室，而且不久之前（1973年）也曾是希臘王室。

那麼，本章就來看看這個王室的歷史吧。

今日的丹麥王室祖先（格呂克斯堡王朝第1代）

其實，俾斯麥（A-1）在推動「德意志統一運動」時，丹麥正好發生時隔已久的王朝更迭。

（＊01）請參考本書「第5章第4幕」的（註04）。

（＊02）此一名稱（Glücksburg）是按照德語發音來進行翻譯。除此之外，丹麥語讀作「呂克斯堡（Lyksborg）王朝」，挪威語讀作「格呂克斯堡（Glücksburg）王朝」，希臘語讀作「基里克斯堡（Γκλύξμπουργκ）王朝」，英語則讀作「格拉克斯堡（Glücksburg）王朝」。本章以該王朝為主題，為了避免因翻譯名稱不一致而造成閱讀上的困擾，這裡統一採用德語發音的譯名。

序章　家系圖的基礎知識

第1章　英國的系譜

第2章　法國的系譜

第3章　神聖羅馬帝國的系譜

第4章　普奧的系譜

第5章　俄羅斯的系譜

第6章　丹挪希英的系譜

自中世紀以來，丹麥一直是由「歐登堡（Oldenburg）王朝」統治，不過到了1863年男系終於絕嗣，由女系國王[*03]「格呂克斯堡家族」的克里斯蒂安九世（Christian IX）（A-3/4）繼位。

登基後不久他就遇到難題。

上一個王朝（歐登堡王朝）「同時具備」了「丹麥王位」與「什勒斯維希・霍爾斯坦公爵爵位」[*04]，但什勒斯維希・霍爾斯坦公爵不得由女系繼承，如此一來，女系的格呂克斯堡王朝會失去什勒斯維希・霍爾斯坦公爵領地。

於是，克里斯蒂安九世決定不「兼任」什勒斯維希・霍爾斯坦公爵，而是打算「兼併」這塊領地。

然而，此舉卻給了當時覬覦什勒斯維希・霍爾斯坦公爵領地的普魯士首相俾斯麥一個好藉口，因此到了1864年，剛登基不久的克里斯蒂安九世就得打「丹麥戰爭」。

雖然丹麥在中世紀是大國，但此時今非昔比，面對普奧聯軍的攻擊根本毫無勝算，最後失去了這塊領地。

克里斯蒂安九世一登基就丟了領土，實在是出師不利。

為王室血脈開枝散葉的國王（格呂克斯堡王朝第2代）

接著繼位的是他的長子「腓特烈八世（Frederik VIII）（B-2）」。

由於父王克里斯蒂安九世相當長壽（享壽88歲），他登基時已經64歲，因此在位時間也很短，政治與外交方面均沒留下什麼可流傳到後世的成就。

不過，格呂克斯堡家族從他這一代開始有了頗大的發展。

首先來看他的弟弟妹妹，大妹亞歷山德拉（B-3）嫁給了英王愛德華

（＊03）他是歐登堡王朝末代國王（腓特烈七世）的祖父的妹妹的外孫。由於中間隔著「女性」，故屬於「女系」國王。

（＊04）依據1814～1815年「維也納會議」的決議。什勒斯維希・霍爾斯坦（Schleswig-Holstein）位於日德蘭半島南部。

七世，因此格呂克斯堡家族的血統得以流到存續至今的英國王朝，大弟喬治（B-4）開啟了希臘王朝，二妹瑪麗亞（B-5）嫁給了俄皇亞歷山大三世，是尼古拉二世（C-5）的母親。

接著來看他的子女，長子克里斯蒂安（C-1）繼承丹麥王位，次子卡爾（C-2）開啟挪威王朝，成為第1代國王哈康七世（Haakon VII），次女英格堡（Ingeborg）（C-3）這一支血脈則在比利時王朝延續下來。

「格呂克斯堡家族的血統」就這樣以腓特烈八世為中心，往外擴散到英國、丹麥、挪威、比利時、俄羅斯、希臘這些國家。

兩場世界大戰（格呂克斯堡王朝第3代）

話說回來，瑞典與挪威在整個19世紀 [*05] 一直是共主邦聯，進入20世紀後挪威的獨立聲浪日益高漲，最後議會從格呂克斯堡家族選出國王 [*06]，挪威就此成為獨立王國。

於是，格呂克斯堡家族的2位王子分別成為相鄰的兩國君主——弟弟

我們兄弟分別當上丹麥國王與挪威國王，一同在第一次世界大戰與第二次世界大戰這段艱困時代中生存下來！

格呂克斯堡王朝 第3代
克里斯蒂安十世
1912 – 1947

格呂克斯堡王朝 第1代
哈康七世
1905 – 1957

（＊05）正確來說是1814～1905年。

（＊06）因為挪威在與瑞典結為共主邦聯之前，曾與丹麥結為共主邦聯長達400多年（1397～1814年），與丹麥關係密切。

序章　家系圖的基礎知識

第1章　英國的系譜

第2章　法國的系譜

第3章　神聖羅馬帝國的系譜

第4章　普奧的系譜

第5章　俄羅斯的系譜

第6章　丹挪希英的系譜

成為挪威國王哈康七世，哥哥則在腓特烈八世駕崩後繼位為丹麥國王克里斯蒂安十世（C-1）。

　　這對兄弟所生存的20世紀前半葉，正是接連不斷爆發「第一次世界大戰」與「第二次世界大戰」的動盪時代，「一次大戰」時雙方都保持中立立場，「二次大戰」時雙方都被納粹德國占領，但也不斷對抗納粹，兄弟倆就這樣一同克服這道「驚濤駭浪」。

王朝確定斷絕（格呂克斯堡王朝第4～5代）

　　戰後，丹麥王位由腓特烈九世（D-1）繼承，挪威王位由奧拉夫五世（Olav V）（D-2）繼承。

　　不過，腓特烈九世只生了3個女兒，沒有兒子，如此一來王位就得交給弟弟（克努德）了，但戰爭期間克努德（Knud）一再做出親納粹的言行，因而不受國民喜愛。

　　擔心繼承問題的腓特烈九世決定修改《王位繼承法》（1953年），將原本的「男系男嗣繼承制」變更為「男嗣優先長嗣繼承制（＊07）」。

　　於是，法定推定繼承人從弟弟（克努德）變成了自己的女兒（瑪格麗特），1972年腓特烈九世駕崩後，她就登基成為丹麥女王「瑪格麗特二世（Margrethe II）（下一幕E-1）」。

　　雖說這樣一來姑且保住「父死子繼」的繼承模式，但代價是丹麥王朝確定會在她這一代斷絕。

　　她的丈夫是蒙佩扎伯爵（Comte de Laborde de Monpezat），因此將來她的長子即位時，按道理來說應該會是「蒙佩扎王朝第1代國王腓特烈十世」。

　　不過，丹麥也採取了「王太子即位後，王朝名號仍舊是『格呂克斯堡王朝』」這個做法。本來「就算王朝更迭也不更改王朝名號，好讓表面上

（＊07）也就是說，原本是「孩子當中沒有兒子時就由王弟繼承，如果也沒有弟弟就從男系男性親屬當中挑選繼承人」，規則修改後變成「孩子當中有兒子時以長子優先，只有女兒時長女也可繼承王位」。

看起來像是沒改朝換代」這種做法是暫時的「非常手段」，但現在已成為「常規手段」並在歐洲王室之間盛行（譯註：瑪格麗特二世在2024年1月14日退位，同日長子登基為腓特烈十世，王朝仍稱為格呂克斯堡王朝）。

只要出現一個前例，不久之後就會變成慣例

我們已在前面學過，「就算過去視為禁忌，只要有過一次『前例』，人們就不再排斥而願意實行」這個道理。

所以，21世紀以後的歐洲王室才會群起效尤吧。

不過，這種做法只是「掩蓋問題」，再怎麼掩飾也改變不了「王朝更迭」的事實，今後歐洲的王室將會頻繁地改朝換代。

跟1500多年 [*08] 以來王朝都不曾更迭過的天皇家截然不同。

格呂克斯堡王朝 第5代
瑪格麗特二世
1972 – 2024.1

格呂克斯堡王朝 第3代
哈拉爾五世
1991 – Today

（＊08）若追溯到神話時代是「將近2700年」，若從歷史時代算起則大概是1500多年。

第2幕

21世紀仍存續的王朝

格呂克斯堡王朝（希臘、英國系）

格呂克斯堡家族的血統也擴散到希臘與英國，開啟各自的王朝。希臘的格呂克斯堡王朝未能撐過動盪的時代，最終在1973年滅亡，至於在英國開啟的王朝則更名為「溫莎王朝」，一直存續到迎接21世紀的現在。

我們的首相是親英派，他都不聽我的命令呀！

啊啊真是的！快點加入我哥哥的陣營！

索菲婭

親德！

格呂克斯堡王朝 第2代
康斯坦丁一世
1913 – 1922

〈 格呂克斯堡王朝 〉

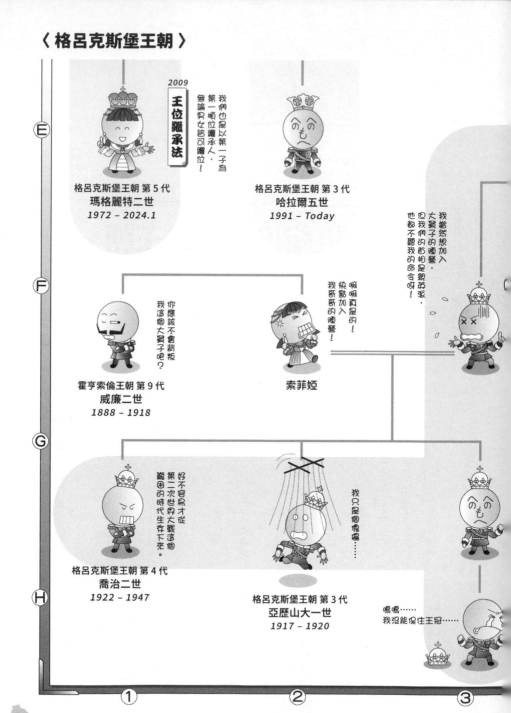

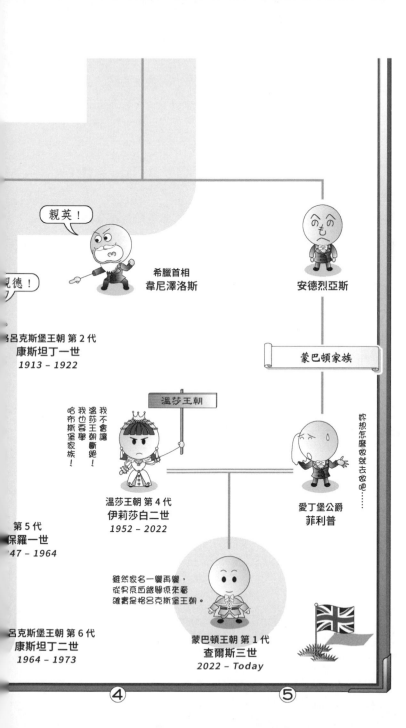

序章　家系圖的基礎知識

第 1 章　英國的系譜

第 2 章　法國的系譜

第 3 章　神聖羅馬帝國的系譜

第 4 章　普奧的系譜

第 5 章　俄羅斯的系譜

第 6 章　丹挪希英的系譜

上一幕談到，格呂克斯堡王朝的始祖克里斯蒂安九世（A-3 / 4）的次子喬治（B-4）繼承了希臘王位。

希臘長期受到鄂圖曼帝國的統治，後來趁著維也納體系時期的民族主義運動浪潮，在1830年獨立，並在1832年獲得國際承認，當時即位的第1代國王鄂圖一世（θων Α΄）是「土生土長的德意志人」，對希臘的文化與風俗完全沒興趣。

這種態度與羅曼諾夫王朝的俄皇彼得三世[*01]十分相似，不禁讓人覺得鄂圖一世也會有同樣的下場[*02]。

該說「果不其然」嗎？他未能獲得國民的信任，最後發生軍事政變而遭到廢黜。

滿懷理想的國王（格呂克斯堡王朝第1代）

接下來雀屏中選的新國王就是克里斯蒂安九世的次子，他即位為「喬治一世（Γεώργιος Α΄）」。

喬治一世也跟先王鄂圖一世一樣才「17歲」就登基，不過他有很好的「負面教材」，因此他引先王的過錯為鑑，走跟先王相反的路線。

前車覆，後車戒

舉例來說，他一登基就趕緊學習希臘語、熟悉希臘的風俗習慣。

此外，他避免華麗鋪張，並承認近代憲法。

一切都跟先王反著來。

或許就是這個緣故，他在政局不穩定的希臘統治長達50年[*03]，但他有個忽視眼前「現實」的「偉大理想（Μεγάλη Ιδέα）[*04]」，這個理想

（＊01）他也是「土生土長的德意志人」，對俄羅斯的文化與風俗習慣完全沒興趣。詳情請參考本書「第5章第3幕」。

（＊02）擺出這種態度會有什麼下場應該顯而易見，不過鄂圖一世登基時才17歲，年輕不懂事也是無可厚非的。反觀彼得三世登基時已經34歲，這就沒辦法找藉口了。

讓他的人生不斷遭遇挫折。

最後更是要了他的性命。

當時他參與作為「偉大理想」其中一環的「第一次巴爾幹戰爭」，卻在 1913 年親赴前線時，被一介恐怖分子[*05]暗殺身亡。

一次大戰時期的希臘（格呂克斯堡王朝第2代）

喬治一世駕崩之後，他的兒子康斯坦丁一世（Κωνσταντίνος Α΄）（F/G-3）隨即登基。

他在位期間正值「第一次世界大戰」前後時期（1913～1922年），不消說，他是「親德派」。

如同前述，格呂克斯堡王朝本來就是起源於德意志的家族，跟德意志貴族之間也有很濃的血緣關係，康斯坦丁一世的王后索菲婭（Σοφία）（F/G-2）還是德意志第二帝國皇帝威廉二世（F/G-1）的妹妹。

因此第一次世界大戰若是開戰，他自然想立刻站在德意志這邊參戰。

但是，當時的希臘首相韋尼澤洛斯（Ελευθέριος Βενιζέλος）（F-4）阻止了他。

——陛下！這次的戰爭，德意志沒有勝算！

打仗最重要的就是要加入有利的陣營，

以及情勢不利時要儘早跳船。

既然如此，我們怎麼能跟德意志聯手！

不過人畢竟是有「感情」的生物，就算韋尼澤洛斯的意見是「合理」的，康斯坦丁一世也不會「因為是合理的意見就接受」。

（＊03）在當時的歐洲，他的在位時間僅次於維多利亞女王（64年）。

（＊04）即「大希臘主義」。這是一種想完全統一希臘人居住的地區（希臘本土、愛琴海沿岸、黑海南岸等），全由希臘王國統治的政治理想。

（＊05）關於凶手的身分，只知道名字叫做亞歷山卓・希納斯（Αλέξανδρος Σχινάς），其他的背景來歷則不詳。

想堅守義理，人情卻成阻礙

若拿道理與感情、義理與人情來比較，人通常會以感情與人情為優先考量。

於是，國家分成親德派（國王派）與親英派（首相派），並因此引發政爭。

儘管康斯坦丁一世在整個國家分為兩派發生政爭的期間採取「中立」立場，但大戰末期他在政爭中敗陣而流亡後，韋尼澤洛斯就擁立他的次子亞歷山大一世（Αλέξανδρος Α΄）（G/H-2）為傀儡國王，站在協約國這邊參戰。

戰後，康斯坦丁一世重返王位，但當時已開打的希土戰爭最後戰敗，他再度被趕下來，將王位讓給長子。

二次大戰時期的希臘（格呂克斯堡王朝第4代）

這位長子就是「喬治二世（G/H-1）」。

當年父親康斯坦丁一世被「第一次世界大戰」折騰得很慘，他即位後同樣擺脫不了「第二次世界大戰」的捉弄。

曾有一段時間（約10年）因希臘議會選擇共和制，導致他被趕出國家，而大戰開始後，儘管希臘抵擋住了義軍的攻擊，但面對德軍的猛攻，最終國家還是被德意志占領。

滅亡前的希臘（格呂克斯堡王朝第5代）

由於喬治二世沒有子嗣，因此他的弟弟繼位為保羅一世（Παύλος Α΄）（G/H-3）。

不過，戰後政局依舊不穩定，本來靠著首相卡拉曼利斯（Κωνσταντίνος

（＊06）例如暗殺或鎮壓政敵，作風相當霸道、獨裁。

Γ. Καραμανλής）的強硬手腕^{（＊06）}勉強維持政權，保羅一世卻突然將卡拉曼利斯首相解職^{（＊07）}。

結果，靠著卡拉曼利斯的「強硬手腕」勉強保持的均衡一下子就瓦解了，希臘的政局頓時變得混亂至極。

希臘的末代國王（格呂克斯堡王朝第6代）

保羅一世駕崩後，長子繼位為康斯坦丁二世（H-3），他是希臘的末代國王。

康斯坦丁二世即位時，政局已混亂到無藥可救的地步，要打破這個困境，對年僅24歲的他而言負擔太大了。

束手無策的他在位短短3年就發生軍事政變，不得不出奔國外，不久政府就宣布「廢除君主制」，至此希臘王國終於滅亡。

廣播在報導這個消息時，用這樣一句話來形容。

──今日，國家的癌細胞被國民親手移除了。

另一個「格呂克斯堡王朝」

為了避免王室絕滅，事先準備「旁支」是很常採取的措施。

德川幕府就是有名的例子。

當時以家康的次子秀忠這一支血脈為本家，秀忠的三個弟弟則作為旁支的「御三家^{（＊08）}」，當本家無子嗣時就從御三家選出繼承人，藉由這種方式避免後繼無人。

如果置換成「格呂克斯堡王朝」，那麼丹麥王室就是「德川本家」，挪威王室與希臘王室則是「御三家」吧。

不過既然是「御三家」，只有挪威王室與希臘王室的話還少一家，而這「第三個王室」其實誕生得晚了一點。

（＊07）也有一說是因為「首相與王后不和」，但實際原因並不清楚。

（＊08）家康將德川義直（九子）分封到尾張，將賴宣（十子）分封到紀伊，將賴房（十一子）分封到水戶，以這三者為御三家。

序章　家系圖的基礎知識

第 1 章　英國的系譜

第 2 章　法國的系譜

第 3 章　神聖羅馬帝國的系譜

第 4 章　普奧的系譜

第 5 章　俄羅斯的系譜

第 6 章　丹挪希英的系譜

這個王室就是英國王室。

其實第5代希臘國王保羅一世登基那一年（1947年），他的堂弟愛丁堡公爵菲利普（G-5）也與英國女王伊莉莎白二世結婚了。

因此將來兩人的孩子繼承王位時，他就是女系國王，如此一來就成了「格呂克斯堡王朝第1代英國國王」，這樣就湊齊「格呂克斯堡御三家」了——本該是這樣的。

然而在這個理想實現之前，希臘王室就被廢除了，而菲利普結婚時改採母方的家名「蒙巴頓家族」，之後伊莉莎白二世又將家名更改為「蒙巴頓－溫莎家族」，因此2022年兩人的兒子查爾斯三世（H-5）即位時，表面上仍舊是「溫莎王朝」。

不過就像我在本書中一再說明過的，嚴格來說實際上確實發生了「王朝更迭」，無論名稱為何，從DNA的角度來看，現在的英國王朝確實就是「格呂克斯堡王朝（＊09）」。

進入20世紀後，歐洲的「王室」數量就急速減少，反觀起源於德國北部小貴族的「格呂克斯堡王朝」在進入20世紀後，就透過男系與女系將王室血統擴散到英國、丹麥、挪威、比利時、俄羅斯、希臘，雖然後來失去俄羅斯與希臘的王位，但在21世紀的現在，這支血脈依然是統治「北海帝國（＊10）（英、丹、挪、比）」的王室。

終於來到尾聲了。

本書共花了將近300頁的篇幅，帶領大家以「家系圖觀點」俯瞰世界史，不知各位看完後有什麼感想呢？

卡爾・馬克思（Karl Marx）提出「唯物史觀（＊11）」，主張「歷史的演變或潮流，可歸因於生產方式與交換方式的變更，與人的心智、感情、意志、努力等完全無關」，不過相信大家只要以家系圖觀點來看歷史就會

（＊09）若按英語發音則稱為「格拉克斯堡王朝」。

（＊10）11世紀克努特二世所建立的英格蘭、丹麥、挪威共主邦聯之別稱。請參考本書「第1章第2幕」。

明白，這種主張是多麼荒唐無稽的「蠢話」。

「真相」反而是「人的心智、感情、意志、努力乃是歷史發展的原動力」。

這個真理不只適用於歷史，也適用於「人生」。

縱觀古今中外，從來沒有一個沒氣魄的人、不行動的人、不努力的人能夠成就大事。

我們可從歷史學到這個道理：

「無論遭遇困境還是苦難都別輕言放棄，因為自己的熱情、堅強的意志與努力正是開拓人生的原動力！」

這次是以歐洲王室作為「開頭」，如果大家還想看其他國家的王室歷史，之後我會再考慮推出「中國篇」、「印度篇」、「伊斯蘭世界篇」。

那麼，我們下本書見！

序章　家系圖的基礎知識

第 1 章　英國的系譜

第 2 章　法國的系譜

第 3 章　神聖羅馬帝國的系譜

第 4 章　普奧的系譜

第 5 章　俄羅斯的系譜

第 6 章　丹挪希英的系譜

（＊11）一種結合了黑格爾辯證法與費爾巴哈（Ludwig Andreas von Feuerbach）機械唯物主義的歷史觀，將觀點放在歷史上時稱為「唯物史觀」，將觀點放在哲學上時則稱為「歷史唯物主義」。

〈作者簡介〉

神野正史

1965年出生於日本名古屋。現為河合塾世界史講師、教學網站「世界史.com」主講人、影音教學平台「學習助理」鐵人講師、網路學習講座「Net Semi」世界史編輯顧問、寬頻升大學補習班世界史講師、歷史傳道士。多年來致力於研發比傳統學習方法還要「有趣」，而且能以「最小的努力」獲得「最大成效」的學習方法。自創的「神野式世界史教學法」即是基於「學世界史不用死背」之信念，體驗過的學生皆讚不絕口、感動萬分，直呼「終於明白什麼是『看得見歷史』的感覺！」成績更是突飛猛進。

主要著作有《「覇権」で読み解けば世界史がわかる（讀懂「霸權」便瞭解世界史）》（暫譯，祥傳社），《暗記がいらない世界史の教科書（不用死背的世界史教科書）》、《最強の教訓！世界史（最強的教訓！世界史）》、《現代への教訓！世界史（給現代的教訓！世界史）》》（暫譯，皆為PHP研究所），繁體中文版著作則有《世界史劇場》系列（楓樹林出版社）等。

KAKEIZU DE YOMITOKU SEKAISHI
Copyright © 2023 by Masafumi JINNO
All rights reserved.
Cover illustration by Moe INOUE
Cover design by Joji ICHINOSE
First original Japanese edition published by PHP Institute, Inc., Japan.
Traditional Chinese translation rights arranged with PHP Institute, Inc.

用35張家系圖輕鬆解讀世界史
改變歐洲的聯姻策略與血緣糾葛

2024年7月1日初版第一刷發行

作　　者　神野正史
譯　　者　王美娟
主　　編　陳正芳
美術編輯　黃瀞瑢
發 行 人　若森稔雄
發 行 所　台灣東販股份有限公司
　　　　　＜地址＞台北市南京東路4段130號2F-1
　　　　　＜電話＞（02）2577-8878
　　　　　＜傳真＞（02）2577-8896
　　　　　＜網址＞http://www.tohan.com.tw
郵撥帳號　1405049-4
法律顧問　蕭雄淋律師
總 經 銷　聯合發行股份有限公司
　　　　　＜電話＞（02）2917-8022

著作權所有，禁止翻印轉載。
購買本書者，如遇缺頁或裝訂錯誤，
請寄回調換（海外地區除外）。
Printed in Taiwan

TOHAN

國家圖書館出版品預行編目資料

用35張家系圖輕鬆解讀世界史：改變歐洲的
聯姻策略與血緣糾葛 / 神野正史著；王美
娟譯. -- 初版. -- 臺北市：臺灣東販股份
有限公司, 2024.07
292 面；14.8×21 公分
ISBN 978-626-379-458-0（平裝）

1.CST: 譜系 2.CST: 歐洲史

789.1　　　　　　　　　　　　　113007663